美魔女律師教你生活不犯錯

人人都需要知道的法律常識，自己的人生自己顧！

李貴敏——著

目錄 Contents

Chapter 3 ｜律師談生活

Chapter 4 ｜律師講政策

推薦序‧
看新聞懂法律，一舉數得的好書

天橋底下說政治

　　從當記者開始，對於政治人物的一舉一動都特別注意，每每發現政治人物經常口是心非，說一套做一套；或者前後態度不一，今日的話否定昨日之語，也因此提供我不少素材，讓我可以創作出一些攻瑕指失的言論，激發我建構插科打諢的詞語。但李貴敏立委，卻是政治人物中少數非常嚴謹，抱誠守眞的人。跟李委員討論事情，只見她對眞理追求的認眞，對正義堅持的不懈。而她所思所想，都是爲國家的發展、百姓的福利。也因此我特別喜歡跟她溝通，可以讓我對於時事的看法，未來的演變，毫無拘束的娓娓道來。

　　在長期的交談過程中，可以發現到李委員身上散發出法律人光彩，清晰的邏輯，流利的言語，三不五時還會提醒我們這個事情從法律的觀點來看是怎麼一回事。面對著千變萬化的情況，李委員往往可以一語中的指出這件事到底符不符合法律的要求。針對當今社會熱門的話題，她也常常告訴我們這群對法

律不求甚解的文字工作者，所該面對的法律條文到底是什麼。
我當時就心想如果李委員可以針對新聞話題，闡述其所面臨的
法律困境而加以開示的話，那庶民大眾看了新聞，了解個熱鬧
之外，還能順道獲知相關的法律知識，對於法律的普及，真是
功勞一件。

　　很高興李委員還真的出版了這樣的書，解釋熱門新聞背後
的法律問題，讓我們知道不是想當然爾的結果就是事實的真
相；習以為常的做法不見得符合法律的規範；期待別人在網路
上發表的事件可能助長別人的違法。我們常說知法才能守法，
但因為不了解法律，使得我們在不知不覺間違反法律的規定卻
不自知。這本書藉由耳熟能詳的話題，深入淺出的告訴我們法
律的範疇到底在哪裡，我相信只要看完這本書，整個法律知識
一定會獲得莫大的增進。以後當我們在面對相同的情況時，就
會知道該如何做才不會觸犯法律。感謝李委員在百忙之中出版
了這樣的書，對我們文字工作者而言，真是助益良多。

天橋底下說政治

推薦序・
走在時代尖端的立院女戰神

李易修

當今台灣年輕人心目中嚮往的前兩名職業，一個是成為YouTuber，即經營商業影音網站YouTube頻道的創作者；二是YouTube的小編，即任職YouTube頻道協助製作、經營與管理等事務的工作人員，可以見得對於YouTube這類新媒體產業，年輕人是趨之若鶩的！

然而創作影音內容除原創外，製作影片需大量使用影音素材，這個是有可能要付出不少版權費用的，這是往往缺少資金的初入行者的一大難關，若為此受限則題材有限，或者影片呈現單調貧乏。在今日網路極為發達的時代，網路影音素材唾手可得，然網路轉載即便打著「免費資源」，卻經常版權來源不明，使用上等同遊走法律邊緣，甚至很容易觸法！事實上，近年來不少百萬訂閱的大網紅，都吃過這類的虧，且我國目前相關立法尚不完備，未能跟上時代演進，在法律實務上的攻防又仍在新興階段，但這類問題卻是不斷冒出，而本書第一章就是

針對此類問題，探討了關於YouTuber的侵權案例，這正是目前市面較少見的題材，本書可說是走在時代尖端的好書！

當初在貴敏委員邀稿推薦時，有點受寵若驚，收到書稿後立刻明白這本書，確實極為符合我當下正從事的工作，便義不容辭地答應了。我是一個「斜槓青年」，除了自己經營YouTube頻道外，同時也是時事評論員，許多評點工作與影片製作，便涉及前段議題討論，這正中本書的核心論題之一。例如「二次創作」的版權問題，合理引用的範圍等等，書中都做了不少的爬梳與說明，很大程度上擴充了我在這方面的知識，相信現在正要踏入YouTube行業者，這本書對你將會很有幫助。

最後談談我眼中的作者——李貴敏委員，由於採訪需要而結識。後來因我在中廣新聞網主持的廣播節目《歷史易起Show》固定邀請貴敏委員擔任與談嘉賓，在長期互動交流中，「雖是忘年交，卻成忘機友」！筆者很理解她那顆為國為民的心，早就實現「財富自由」的她，其實不需要蹚這些渾水，然而委員總是身站第一線，儘管在野、儘管人數劣勢、儘管執政黨蠻橫不講理，但是卻從不灰心，努力替社會大眾監督政府，爭取百姓福祉，無怪乎受封「立院女戰神」，多少官員在質詢時理屈而啞口無言！這次委員出書，依然秉持對社會盡心的初衷，針對時下最夯的法律問題一一分析破解，能在公務百忙之中提筆撰稿，實在讓我佩服，所以我衷心推薦本書，希

望它不僅能成爲你書架上的收藏，也可以成爲你的實用工具書！

YouTuber／廣播&電視節目主持人／時事評論員　歷史哥

李易修

自序・
政治成了我的斜槓人生

　　我踏上法律這條路已經39年了。這39年來，伴隨著台灣經濟奇蹟，爲我贏來許多國際級挑戰的機會。除了有幸參與台灣第一件第三類公司上市案件，以及第一件亞洲企業在美國NASDAQ上市外，也協助台灣廠商進行GDR及ECB等國際募資，並參與天使基金、創投基金、跨國投資，以及扶植國內外新創事業之設立與其後的掛牌上市櫃；更曾成功協助台灣廠商及時解決可轉換公司債券的國際爭議，以及參與各類同時協商談判、調解及和解，以協助企業平安度過財務危機。

　　又隨著台灣科技起飛，科技研發成果的亮眼表現、成本控制得當及效力提升，台灣高科技廠商難免成爲外國企業和智財蟑螂鎖定的目標，也因此讓我得以在國際舞台上一展所長，連番在國際上打敗美日等跨國企業，並讓台灣廠商自這些跨國公司取得鉅額賠償。迄今，這些跨國智財訴訟及調解案件，以及台灣企業勝訴並鉅額入袋挹注財務的經典案例，仍爲科技業者津津樂道。此外，也曾負責首件學名藥上架前的專利侵權訴訟

案；並曾參與跨國企業的全球智財授權、布局與執行，也因而熟悉授權之國內外攻防戰略與戰術，以及相關談判及文件。更因此有機會與各國首屈一指的律師及仲裁人等合作，深刻體會國內外智財訴訟、調解、仲裁及法律攻防與協商談判的精髓與運用，而得以一再成功的協助台灣廠商對抗智財蟑螂的脅迫。至於其他林林種種的商標、著作權、專利、營業秘密等案件，除協助業者解決爭議外，並協助其建立務實的防衛網與機制，以及培育所需的智財人才。

除此之外，隨著台灣的快速崛起，缺乏國際經驗的台灣企業難免成為他人覬覦或打壓的標的，也因此有機會參與國際間以反傾銷、反托拉斯等法律手段打壓台灣企業的案件，並成功協助台灣廠商度過瓶頸，也在台灣法令未盡完善的情況下，成功協助企業防堵敵意併購。

國際間對我屢次協助台灣廠商在美國國際貿易法院打敗美國公司、成功的和海外可轉債債權人和解重整、完成台灣首件民營化跨國上市、協助許多龍頭企業完成跨國募資，以及協助外國企業來台上市等等，多嘖嘖稱奇。對一個沒有背景、一畢業就一股腦扎身法界的女生來說，我的前半生在法律界、產業界應該也算波瀾壯闊吧！

只能說，我們這一代真的是非常幸運，雖然生於憂患，但

我們是在巨人的肩膀上長大茁壯，那真是一個心有多大、未來就有多大的幸運時代。

也因此，當我決定走入國會，接受國民黨邀請出任不分區立委時，很多朋友都非常訝異，覺得我應該好好坐享前半生的成果，為何要跳出人生的舒適圈？又何苦再蹚這趟渾水？

記得擔任第八屆立委時，當時因國民黨為執政黨，不分區立委等同影子內閣，我也擔負讓台灣法治加速與國際接軌的責任。但此次擔任第十屆立委，民進黨成為國會多數，在野黨就算是舉手舉腳都不可能表決通過任何有利民生、經濟或社會公平正義的法案，而多數暴力也讓理性論衡政策成為不可能！

但我總覺得，台灣的民眾實在太讓人放心不下！有人打趣說，社會上「小白」有三種，不懂股票但想縱橫股海的股市小白；不懂法律、也不知道如何保護自己的法律小白；還有滿腔熱血、追求公平正義的民主小白。

不巧的是，這三種小白都很容易被有心人誤導、被割韭菜。這也意外成為許多人跟我的國會辦公室陳情的重點。大家一打來，第一句話就是，「律師，對不起，我不懂法律……」但我們也只能不厭其煩地跟民眾解釋，「法律不保障『權利休眠』的人！」

　　千萬記得當你的權利受到侵害時，正義絕對不會從天而降！權利人必須手持權利寶劍，捍衛自己的權利！正如德國法學家耶林（Rudolf von Jhering）所說，「法律的目的是『和平』，而實現和平的手段則為『鬥爭』。」為了權利而鬥爭，不僅是在捍衛個人的人格與尊嚴，更是現代公民社會的義務。

　　所以，當我們在抱怨法律不公，抱怨自己有冤難伸，甚至抱怨司法被特定勢力操控的同時，是不是也該想想，我們是否忽略了遊戲規則？甚至不清楚遊戲規則往哪走？

　　民眾對於法律的認知及法院判決存在如此巨大鴻溝，絕不是單方面的問題，台灣的國際實務經驗不足、法學教育未及普遍，民眾對可掌握的法律武器也一知半解，都是吃虧上當或吃敗仗的重要原因。

　　簡單地說，在法治社會裡，「知法」的人才握有權利的寶劍；而不知法律規範向來都不是個可被接受的理由，也不會因而免除應有的法律責任！可見，「知法」是社會生活必備的基本條件，而「不知法」則無法免責！

　　但是，法律不該是強者欺負弱者的工具，畢竟我們已經逐漸走出這個時代的陰影。也因此，如何將法律知識盡可能傳播遞予社會大眾，降低人民對國家社會的不信任感，肯定是我輩法律人責無旁貸的任務。

在這本書中，我們從一件一件的新聞事件、日常生活，以及現代人生活中已不可或缺的網路切入，讓大家在這些看似光怪陸離的事件中，透過法律視角看出門道；也藉此分享既有趣又實用的法律基本常識，讓社會大眾更容易親近法律、掌握法律知識。最重要的是知道善用法律保障自己的權益。

當然，法律不僅僅是多如牛毛的文字，許許多多生活中的法律問題，以及與新聞時事相關的法院判決，都透過經驗的堆砌構築了法學殿堂；也驗證規範並非純由邏輯推演而出。民眾必須深刻了解相關規範，而現代公民法律意識也必須跟得上網路時代的變遷速度；否則一旦掀起蝴蝶效應，後果的嚴重性絕對不堪設想。

俗話常說，當你想打贏一場官司，記得要結交好律師朋友。但如果你還沒找到律師好友，除了求神保佑事業、生活一帆風順之外，或許可從這本談及新聞、網路及日常生活事件所牽涉的法律條文、學理及實務討論，找到靈感、釐清爭議，兼而享受學習法律的樂趣，應該也是不錯的選擇！

李貴敏

CHAPTER 1

律師聊新聞

二創受歡迎
當心越界！

　　繼打著「X分鐘看電影」的網紅谷阿莫因引用他人影音作品而被起訴違反《著作權法》，並且與片商和解後，在臉書發專文道歉。前不久，YouTuber博恩也因翻拍藝人劉樂妍音樂作品《CHINA》而引發原著作者抗議侵權的風波。其實，侵權與否的關鍵就在於是否取得原著作權人的同意或授權。因為不論重製、改作、改編或公開播送的權利都專屬原創作者。如未經著作權人授權，逕自重製或改編，就有侵權的高風險！

　　一般日常生活中常見YouTuber利用他人著作翻拍、剪輯、改編等方式進行二次創作，並將該二創作品上傳網路平台供觀眾閱覽。舉凡影片評論、翻唱歌曲、同人誌、Deepfake等，也均與改編原著作物相關。然而，二次創作者如未獲得原創者授權，合法嗎？會有什麼樣的法律責任呢？

》 二創侵權高風險？

　　以影音翻拍、剪輯、改編的二次創作為例，其所涉及法令至少包括《著作權法》第3條第5款的「重製」，也就是以印刷、複印、錄音、錄影、攝影、筆錄或其他方法直接、間接、永久或暫時的重複製作；以及同條第11款的「改作」，也就是以翻譯、編曲、改寫、拍攝影片或其他方法就原作另為創作。

　　簡單地說，倘若行為人只有將原著作做些許調整，實質上僅重現他人的著作而欠缺原創性時，就屬於「重製」。但是，如果將原著作改編而另為創作時，則新的成品就構成《著作權法》第6條第1項之「衍生著作」，而屬於「改作」。

　　準此，二次創作者如果是針對原著作進行變更，而變更後的內容又具有原創性時，則該二次創作就屬於「改作」，而新的作品就是「衍生著作」，而可能侵害原著作權人之「改作權」。反之，如變更後的內容欠缺原創性，則屬於「重製」，

其所侵害的就是原著作權人之「重製權」。

由於二創類型多元，網路上常見影片評論者引用特定影音作品的片段，並加以引註或更改圖像、聲音或畫面等，使閱覽者得以快速知悉該影音之內容。

但是這些行為涉及將他人的影音片段重現，就可能涉嫌《著作權》法第3條之「重製」或「改作」，而有侵害他人著作之虞。就此，從二創者的角度而言，充其量也僅能主張「合理使用」。

否則，擅自以重製之方法侵害他人之著作財產權者，可處三年以下有期徒刑、拘役，或科或併科新台幣75萬元以下罰金；而擅自以公開口述、公開播送、公開上映、公開演出、公開傳輸、公開展示、改作、編輯、出租之方法侵害他人之著作財產權者，也可被課處三年以下有期徒刑、拘役，或科或併科新台幣75萬元以下罰金。這就是《著作權法》賦予著作權人重製、改作、編輯等專屬權利的法律效果。因此，在未經著作權人授權擅自重製、改作他人著作時，就可能涉及著作權侵害，而需擔負民刑事責任。

至於得以阻卻違法的「合理使用」，依據《著作權法》第52條規定，如行為人因為報導、評論、教學、研究或其他正當目的而有必要，且在合理範圍內時，就可以引用已公開發表

之著作而不構成侵權。

值得注意的是，《著作權法》第65條第2項之「合理使用」成立與否應審酌下列各項：

1. 利用之目的及性質（包括：為「商業」目的或「非營利」目的）。
2. 著作之性質。
3. 所利用之質量及其在整個著作所占之比例。
4. 利用結果對著作潛在市場與現在價值之影響。

可見，「合理使用」之例外規定，在於調和私益與公共利益，而對著作權人之專屬權予以特定程度的限制。以YouTuber剪輯他人影音著作而改作影片評論為例，如其內容係圍繞在原著作，並以符合大眾口吻增加旁白敍述，以吸引觀眾加以點閱而賺取分潤來獲利時，就可能構成基於「商業目的」使用他人著作，尤其當其行為對原著作經濟市場產生「市場替代效果」時，因與公共利益無涉，而難成立「合理使用」。

在無法適用「合理使用」阻卻違法的情況下，該YouTuber的影片評論，除需擔負損害賠償責任外，依《著作權法》第92條規定，此種擅自以改作、編輯、公開傳輸方法侵害他人之著作財產權者，也構成侵害著作財產權而須擔負刑責。

》谷阿莫Ｘ分鐘看電影　錯在哪裡？

以知名的谷阿莫案爲例，法院判決就曾認定谷阿莫作爲公司負責人，就該公司與傳媒公司簽訂「視頻網路傳播授權書」，由該傳媒公司獨家代理「谷阿莫YouTube頻道」，在YouTube網站上公開傳輸谷阿莫104至106年間，剪輯《模仿遊戲》、《屍速列車》等13部影片並配置旁白改作成《Ｘ分鐘看完ＸＸ電影》，上傳至YouTube、Facebook、騰訊、微博等網站，以供不特定人觀看。

由於著作權的侵害屬於「告訴乃論」，因此在經該等影片之著作權人及其專屬授權人等提告後，檢察官就以谷阿莫之改作系爭影片並上傳網路平台，涉犯《著作權法》第92條之擅自改作及公開傳輸侵害他人著作財產權而提起公訴。該案最後因告訴人與谷阿莫達成和解而撤回告訴，法院才會做出「不受理」的判決。

關於谷阿莫前揭行爲的違法性，可由檢察官起訴要旨明載「谷阿莫非經著作財產權人或專屬被授權人同意，不得擅自改作或於網路公開傳輸，竟基於違反《著作權法》之犯意，擅自以剪輯視聽著作並配置旁白之方式改作完成後，再將其改作作品《Ｘ分鐘看完ＸＸ電影》上傳YouTube、Facebook、騰訊、微博等網站，藉此獲得網路平台給付報酬以及獲得網路高知名度之利益，此類視聽著作基於商業目的，顯非爲報導、評論、教

學、研究或其他正當目的之單純合理使用」得知。

　　至於「重製」及「改作」的差異，因為谷阿莫作品係剪輯影片精華片段，使大眾得以在短時間內掌握視聽著作之梗概，已非單純引用視聽著作當作附屬部分，而構成視聽著作之改作，而構成《著作權法》第92條之擅自以改作、公開傳輸之方法侵害他人著作財產權。事後法院之「不受理」判決，也不是認定谷阿莫不侵權，而是因為《著作權法》第100條規定，著作權之侵害須「告訴乃論」。該案既經和解，告訴人也已撤回告訴，才會諭知不受理。

》 N號房、變臉謎片　無法可管？

　　另以知名YouTuber利用變臉軟體技術，擷取藝人或公眾人物之臉部圖像合成多部換臉影片，並成立粉絲團藉此販賣換臉影片，吸引付費觀看獲取利潤案件為例。

　　該YouTuber利用軟體製作換臉不雅影片之行為，除侵害原著作權人之重製權或改作權，而違反《著作權法》第92條規定外，其播放該換臉之不雅影片或散布於群組，亦可能構成《刑法》第235條第1項之「散布猥褻物罪」。也就是該換臉不雅影片如有散布、播送或販賣含有猥褻文字、圖畫、聲音、影像或物品、公然陳列，或以他法供人觀覽、聽聞時，行為人就

可被課處二年以下有期徒刑、拘役或科或併科 9 萬元以下罰金。

至於所謂「猥褻」物品，依據大法官解釋，就是指含有暴力、性虐待或人獸性交等無藝術性、醫學性或教育性價值的資訊或物品；或是指客觀上足以刺激或滿足性慾，而令一般人感覺不堪呈現於眾或不能忍受而排拒之資訊或物品。

此外，對於 YouTuber 未經藝人、公眾人物授權，逕自使用其臉部圖像於不雅影片的行為，也可能構成《刑法》第 310 條第 2 項「加重誹謗罪」。因為《刑法》第 310 條明定「意圖散布於眾，而指摘或傳述足以毀損他人名譽之事者，為誹謗罪，處一年以下有期徒刑、拘役或 1 萬 5 千元以下罰金」、「散布文字、圖畫犯前項之罪者，處二年以下有期徒刑、拘役或 3 萬元以下罰金」。簡言之，當行為人主觀上有「散布於眾」的意圖及「誹謗」的故意，而客觀上其所指摘或傳述之事項，又足以損害他人名譽時，即可能構成。

至於所謂「散布於眾」，就是指行為人有將指摘或傳述內容傳播於不特定人或多數人，使大眾周知而言，而「加重誹謗」則是指以散布文字、圖畫方式，指摘或傳述足以毀損他人名譽之事，且主觀上有「散布於眾」的意圖及「誹謗」的故意而言。

　　因此，當YouTuber將藝人或公眾人物之頭像，利用科技軟體處理移植於色情影片，製作成換臉影片，並販售於群組或公開播放以獲取利益時，就可認定該散布足以減損公眾人物主人格或社會評價。尤其，對於遭引用頭像的公眾人物而言，該散布應足使其等在精神上、心理上感到難堪及屈辱，而構成誹謗。又，藉由散布不雅影片於群組之方式，主觀上也可認其有誹謗之故意及散布於眾之意圖，以使大眾得知該不雅影片之內容，而構成《刑法》第310條第2項之「加重誹謗罪」。

　　再者，上揭換臉製作並播放或傳送不雅影片的行為，還可能構成《個人資料保護法》（下稱《個資法》）第41條「意圖損害他人利益罪」。因為《個資法》第2條第1款規定，舉凡自然人之姓名、出生年月日、國民身分證統一編號、護照號碼、特徵、指紋、婚姻、家庭、教育、職業、病歷、醫療、基因、性生活、健康檢查、犯罪前科、聯絡方式、財務情況、社會活動，以及其他得以直接或間接方式識別該個人之資料，都屬於「個人資料」。因此，個人的頭像或面貌既可識別個人，就屬於「個人資料」而應遵守《個資法》的規定。又，《個資法》第20條既規定，利用他人個資，應限於蒐集之「特定目的必要範圍內」為之。可見，YouTuber逕自將藝人或公眾人物的頭像移植入色情影片，顯然不符合《個資法》第20條的規定。

又，《個資法》第41條規定，意圖為自己或第三人不法之利益或損害他人之利益，而違反第6條第1項、第15條、第16條、第19條、第20條第1項規定，足生損害於他人者，處五年以下有期徒刑，得併科新台幣100萬元以下罰金。準此，YouTuber如未經藝人或公眾人物同意，逕自使用其等之頭像製作不雅色情影片並散布於群組牟利，其主觀上既有牟取不法利益之意圖，且從新聞媒體等影片中下載前揭人物面容，也屬於非法利用他人個資的行為且足以損害他人的名譽，而可構成《個資法》第41條之「意圖損害他人利益罪」。

另外，《民法》第195條第1項也規定，不法侵害他人身體、健康、名譽、自由、信用、隱私、貞操，或其他人格法益而情節重大者，被害人雖非財產上之損害，亦得請求賠償相當之金額。準此，當該YouTuber未經藝人或公眾人物同意，逕自擷取其肖像製作不雅影片並販售牟利，而減損公眾人物之名譽等人格法益，致使被害人精神痛苦，也應賠償被害人的財產及精神損失。

就此，法院判決也認定：網路影片平台的直播主，透過其助理下載知名藝人、網紅人物的照片或影片，並擷取其人臉特徵製作換臉影片之素材，再由直播主利用深偽（Deepfake）技術合成猥藝影片（換臉影片），在其粉絲專頁內散布、播送，以吸引更多粉絲或追蹤者加入或關注的行為不法。

　　法院並指稱該直播主在109年7月20日起，上傳並播放30秒之合成換臉宣傳短片，再以Telegram通訊軟體群組，招攬不特定之公眾或網友加入其網頁粉絲團，使會員得透過網頁進行購買。其後又在YouTube平台建立盜臉駭客頻道召募會員註冊。再將製作完成之影片，上傳及儲存至Google Drive雲端空間，再透過上開付費及瀏覽方式，分享予其會員或購買者點選瀏覽，並獲取不法所得等，已足生損害於被害人及貶損被害人名譽。

　　法院也因而認定該直播主的行為已逸脫蒐集個人資料特定目的之必要範圍，其使瀏覽影片之人得與其他資料對照、連結而識別特定個人，加上該等影像目的係在於凸顯淫穢、不雅之猥褻行為，用以刺激、滿足或挑起他人之性慾，其屬於猥褻影像無疑，也毀損或貶抑被害人等的人格名譽及社會評價，而違反《個資法》第41條及第20條第1項規定之非公務機關「未於蒐集之特定目的必要範圍內利用個人資料罪」，以及《刑法》第235條第1項之「販賣猥褻影像罪」及第310條第2項之「加重誹謗罪」。

　　從上面的案例可知，當二次創作涉及利用他人著作進行「重製」或「改作」時，如未經原著作權人授權，即可能侵害著作權人之「重製權」或「改作權」，而應衡量有無「合理使用」而可阻卻不法。

　　此外，二次創作如有利用知名人物肖像製作換臉並散布不雅影片時，除有侵害肖像權的民事賠償責任外，亦可構成《刑法》第235條第1項「散布猥褻物罪」、第310條第2項「加重誹謗罪」，以及《個資法》第41條「意圖損害他人利益」等罪責。

　　凡此種種，在在顯示利用他人著作進行二次創作的影音衍生著作的流行現狀、爭議與訴訟。雖然二次創作是否構成侵權還是需要視個案判定，也要檢視利用他人著作的目的、使用著作內容的比例等。無論如何，在這改編作品方式風行的KUSO時代，加上網路資料垂手可得，一不小心就可能發生侵權爭議，而不可不慎。

　　網友們想呈現創意，還是應該審慎因應，尊重原著作人的權益，也尊重著作人的創作理念與心血結晶；更要具備著作權常識，以降低著作侵權的風險，切不可輕忽以對。否則民刑事官司纏身，可就得不償失了！

論文比對系統遂以他人之著作來比對,是否屬「合理使用」?

　　新竹市前市長林智堅台大碩士論文涉抄襲被撤銷學位後,中華大學也公布審議結果,認定林智堅抄襲。其中,爭辯各方均無異議的就是論文比對系統之存在價值與公正性。

　　但我們在討論林智堅論文門是否違反《著作權法》時,也應一併思考,論文比對系統本身的應用是否真的沒有法律爭議?

以林智堅2008年發表的碩士論文《以TCSI模式評估國內某科學園區之周邊居民滿意度》涉嫌抄襲同年6月新竹科學園區之《以TCSI模式評估新竹科學工業園區之周邊居民滿意度》期末報告書為例，由於兩篇論文雷同度極高，在被檢舉後立刻引爆民眾與輿論關注。

其實不論政大、清大或交大，其研究生的論文多須先通過「論文比對系統」的關卡，也就是透過這種防止抄襲的檢查工具，來幫助相關單位確認論文的原創性。究其做法，不外乎將提交的論文，與該系統自有或網路蒐集之資料庫進行比對後，統計出該論文與其他資料間的相似比率，來檢視論文的「原創性」。而網路上也已有多種論文比對系統，至少包括Turnitin、Symskan、iThenticate等。不可諱言，為避免學術論文之抄襲與氾濫，影響學術研究品質，論文比對系統確為目前偵測檢查的理想工具。

但是，依據《著作權法》第3條第1項第1款的規定，「著作」涵蓋文學、科學、藝術或其他學術範圍之創作，法院判決也明示：所謂「創作」就是具備「原創性」的人類精神上創作，也就是具備「原始性」及「創作性」之作品。

其中，「原始性」就是指獨立創作，也就是著作人創作時，並未抄襲他人著作，獨立完成創作者而言。至於「創作

性」則指至少具有少量創意，且足以表現作者之個性及獨特性而言。值得注意的是著作權所要求之「原創性」，僅須獨立創作，而非抄襲他人著作即可。即使其創作內容縱與他人著作雷同或相似，仍不影響原創性之認定，而同受《著作權法》之保障。

所以，只要論文並未抄襲他人之著作，又非《著作權法》第9條的文書（例如：公務員在職務上草擬的文書）時，就是《著作權法》保護標的。

既然如此，論文比對系統本身龐大之資料庫中所含有之期刊、論文等文獻就都是著作權保護之標的。然而，該系統之建立既須大量使用他人的著作，且須持續的更新並添加新的著作，才能讓該系統具備豐富的資料以達成有效的比對。這可能就牽涉到著作的重製、展示及傳輸等著作權人專屬的權利。

因此，除非取得著作權人之同意或授權，就必須符合《著作權法》「合理使用」（Fair Use）的範疇。否則也會構成著作權侵害。

至於所謂的「合理使用」，《著作權法》第65條第2項係承襲《美國著作權法》第107條規定，而依下列四個標準認定之：

1. 利用之目的、性質，及其是否供商業或非營利教育目的使用（the purpose and character of the use, including whether such use is of a commercial nature or is for nonprofit educational purposes.）。

2. 著作之本質（the nature of the copyrighted work.）。

3. 所利用之內容占整個著作之比例（the amount and substantiality of the portion used in relation to the copyrighted work as a whole.）。

4. 利用之結果對該著作潛在市場與現有價值之影響（the effect of the use upon the potential market for or value of the copyrighted work.）。

經由系統與他人之著作相比對，是否屬於前開「合理使用」？迄今，國內仍無案例可稽。但美國聯邦巡迴法院曾在 2009 年 A.V. v. iParadigms, LLC. 案中認定，比對系統使用他人著作進行比對，屬於《著作權法》「合理使用」（Fair Use）。

值得深思的是，論文比對系統既係針對論文，而似乎符合上述四個「合理使用」的認定標準。然則，如果論文比對系統係供商業目的，而向使用者收取費用提供比對服務，好讓使用者確認比對差異，以供其修改時，是否仍屬「合理使用」？就有疑義！

「參考」與「抄襲」的
界線在哪？

　　值此資訊爆炸的時代，民眾只要上網搜尋一下便可以找到相關訊息。也因此，研究特定議題時，總會先Google一下，但隨之而來卻是層出不窮的抄襲事件。

　　舉例而言，不論是專門幫客戶改造陳年老房並拍攝分享的知名網紅「Lo-Fi House」涉及的「二創抄襲」事件，或是網路知名插畫家「人2 x People2」在臉書發表了的彩虹黑絲帶圖表

達哀悼，卻被抓包與外國媒體「Pictoline」的插圖神似而引爆抄襲疑雲，而在網路掀起不小的風波等。民眾想知道的是究竟什麼是抄襲？是否只要引用別人的東西都算抄襲？法律上又是怎麼認定「抄襲」與否？

《著作權法》第1條即開宗明義表示，該法制訂的目的在於「保障著作權益、調和社會公共利益，以及促進國家文化發展」。又為保障著作權益，《著作權法》第22條及第28條也明定，著作人對其著作專有「重製」及「改作」的權利。也就是說，在未經權利人同意或授權前，不得對他人之著作進行「重製」或「改作」。

因此，不論是全部照抄或是部分抄寫，都可能落入《著作權法》之「重製」或「改作」範疇，而侵害著作人的「重製權」或「改作權」。就此，法院判決也確認：「抄襲」所侵害的權利主要以「重製權」及「改作權」為核心。

至於「抄襲」的要件，依據法院判決顯示，則是「接觸」與「實質相似」；而舉證責任也落在主張抄襲者身上。易言之，主張他人著作抄襲者，應舉證證明該他人曾「接觸」被抄襲的著作，而構成二著作「實質相似」。

至於所謂「接觸」就是指按照社會通常情況，可認為該涉嫌抄襲者有合理機會或可能性見聞著作人的著作；而所謂「實

質相似」，則是指爭執部分著作之「質」或「量」上的相似程度頗高，抑或是著作之主要部分相似。

值得注意的是，《著作權法》同樣承認「平行創作」的存在。但究竟什麼是「平行創作」？有鑑於相似創作未必源於抄襲，因此當著作人獨立創作而未接觸其他相似作品時，《著作權法》亦給予該獨立創作之作品保護，此即所謂的「平行創作」。也就是當二件不同作品的創作者在沒有接觸到彼此作品情況下，獨立創作並產出相似作品時，《著作權法》將分別給予該二個不同的獨立作品保護。因此，該二作品間並不存在侵害著作權的問題。

另外，也要注意《著作權法》第10條之1有關著作權保護，僅及於該著作的表達，而不及於其所表達之思想、程序、製程、系統、操作方法、概念、原理、發現。也就是說《著作權法》所保護之客體僅限於著作的具體表達，而不保護該著作所表達的思想、程序、原理等抽象概念。因此，當民眾的想法出現類似概念時，如果民眾並無具體表達該想法之作品或內容，而僅是抽象的概念時，就不構成抄襲。

再者，是否只要用到別人的著作就構成侵害著作權？其實不然。

畢竟《著作權法》立法目的除了保障著作人的權益外，還

有調和「社會公益」，進而達到文化發展的目的。因此，《著作權法》特別規定在特定情況下，行為人縱然未取得權利人的同意或授權，卻逕行使用他人之著作也不構成著作權的侵害。這就是可以阻卻違法的「合理使用」。

但「合理使用」並非毫無限制，其範圍也限於《著作權法》第44條至第65條之內容。例如：與政府機關有關、因立法或行政目的而有必要將他人著作列為參考資料；為司法程序使用必要；為學校授課教育目的；供公眾使用之圖書館等文教機構保存；時事報導而在必要範圍內；專供視覺障礙者、學習障礙者、聽覺障礙者或其他感知著作有困難之障礙者使用之目的等。

至於著作之利用是否合理的判斷標準，依《著作權法》第65條規定，應審酌一切情狀，包括下列事項：

一、利用之目的及性質，例如：為「商業目的」或「非營利」教育目的。

二、著作之性質。

三、所利用之「質量」及其在整個著作所占之「比例」。

四、利用結果對著作潛在市場與現在價值之「影響」。

簡言之，判斷是否為「合理使用」？應審視其利用之目的是否為法律上承認之目的？例如教育、研究等，且應審視其利

用究爲「商業目的」或「非營利目的」？一般來說，商業目的之使用較不易成立「合理使用」。至於所謂「著作之性質」，則包括審究著作權人原始創作的目的？是否明示或默示同意第三人得利用其著作？再者，利用系爭著作之質量所占比例，也應納入「量」與「質」後再予以判斷。最後，使用者之利用對現在市場及未來潛在市場的影響也相當重要。

更應注意的是，除了前開判斷標準外，《著作權法》第64條第1項也規定：「利用他人著作者，應明示其出處。」是以，除了前揭判斷標準外，民眾仍需注意自身使用的情形是否符合第64條規定。否則，如果違反前開規定仍可被課處5萬元以下的罰金。

至於侵害「重製權」或「改作權」的結果就是，權利人除可依《著作權法》第88條第1項請求民事損害賠償外，還可依同法第91條第1項規定追究侵權者的刑事責任，使侵權者被課處三年以下有期徒刑、拘役，或科或併科新台幣75萬元以下罰金。

以「人2 x People2」未經該「Pictoline」插圖權利人同意或授權，就將該圖原封不動放到自己的漫畫中，即會構成侵害「重製權」；如果是擅自將該圖修改之後放到自己作品中，則是侵害「改作權」。

至於舉證部分，權利人若認「人2 x People2」有抄襲情事而向法院提告後，就須舉證「人2 x People2」對「Pictoline」插圖有「接觸」可能，再由法院依心證判斷該二圖是否「實質近似」，進而判斷該名漫畫家是否有抄襲。

當然「人2 x People2」也須證明自己確實為該圖之著作人，此所以民眾千萬記得在創作過程中保留自身創作過程。包括：草稿、手繪圖以及創作時間序等資料，以供日後抄襲爭議時，舉證並指出有利自身的證據，或至少透過該創作歷程證明自己的作品為「平行創作」而免於侵權責任！

蘇打綠官司給創作者的三大啟示！

　　侵害商標權，在台灣並不是單純的民事損害賠償，而是有刑事責任的！蘇打綠商標權爭議就可供民眾借鏡。不管獨立歌手、樂團或其他藝術創作者，千萬記得口說無憑！商標既然採「註冊」主義，則未取得商標註冊就不受保護，大家千萬要多留意！

　　蘇打綠商標案爭議引發民眾關注，尤其在其前經紀人林暐

哲宣布拋棄商標權後，「蘇打綠」商標日後究竟花落誰家，更引起各方討論。其實不管是獨立歌手、樂團或其他藝術創作者，切記凡事口說無憑，尤其商標是採「註冊主義」，所以祇要沒有取得商標註冊就不受保護。

雖然青峰等人紅透兩岸，也長期使用「蘇打綠」名稱，但是依照我國法律，商標係採「註冊」主義，也就是祇要沒有取得商標註冊，就無法享有商標權。在「蘇打綠」的商標爭議中，法院就以雙方經紀合約從未提及「蘇打綠」商標，且青峰等人又無法舉證雙方間有任何有關商標所有權的約定，而認定其經紀人林暐哲音樂社為「蘇打綠」商標的權利人。

至於吳青峰既非「蘇打綠」商標的權利人，則其使用「蘇打綠」是否構成侵權乙項，因為《商標法》第36條第1項第3款規定，在他人商標註冊申請日前，善意使用相同或近似之商標於同一或類似之商品或服務者，不受他人商標權效力所拘束。

據此，吳青峰等人既自90年以來，長期對外使用「蘇打綠」團名演藝，應屬善意使用。何況，其前經紀人林暐哲音樂社既為「蘇打綠」商標權人，則在其間之經紀合約有效期間，青峰等樂團成員之使用「蘇打綠」，雖然無明示授權，但也不構成侵權。

關於「蘇打綠」商標的爭議主要有下列三點：

一、「蘇打綠」商標權人究竟是誰？

由於林暐哲音樂社與吳青峰間簽訂的經紀合約、及其續約從未出現「註冊商標」之約定，而團名、藝名之使用亦不等同於註冊商標，法院因而認定註冊商標與經紀合約無關，也認定雙方間並沒有「借名登記」或「信託關係」。

加上法院也採信林暐哲音樂社主張因經營演藝事業稍有起色，乃在97年獨立於經紀合約外，委請律師依《商標法》註冊系爭商標之行為符合商業慣例的說詞，而認定林暐哲音樂社才是「蘇打綠」商標的實質權利人。

此外，由於「蘇打綠」商標公告至今已十餘年，早已超過《商標法》第58條所定的5年評定期間，吳青峰等人也因此無法再爭執。

再加上，林暐哲音樂社在108年5月21日至同年6月間，仍陸續發行《空氣中的視聽與幻》、《飛魚》和《Believe in Music》三首歌之組合CD商品並標示「蘇打綠」商標，也因此智財局對於吳青峰等樂團成員對於「蘇打綠」商標之廢止申請處分「不成立」；而其後吳青峰等也未再提起後續救濟，智財法院因而推論智財局與吳青峰等均肯認林暐哲音樂社確為「蘇

打綠」商標之實質權利人。

二、吳青峰等對於「蘇打綠」是否享有「姓名權」或其他權利？

就此，法院認為樂團成員的名字既分別是「何景揚」、「史俊威」、「吳青峰」、「謝馨儀」、「龔鈺祺」、「劉家凱」，而與「蘇打綠」無關，且其等從未具體說明係以何種法律關係共有「蘇打綠」；加上樂團成立後，團員組成更迭不斷，大多數消費者也無法連結樂團成員的名稱與「蘇打綠」間之關聯；再加上我國《商標法》採「註冊」主義，又不以商標已使用為註冊要件，而端視商標註冊申請文件而訂等情。又有法院判決明載：「我國商標法採取『註冊』主義，而非『使用』主義，是以欲取得商標權而排除他人之競爭使用，須依法向主管機關提出註冊之申請，縱其使用在先，倘其未申請註冊，原則上即不受商標權之保障。」在案為據。

因此，林暐哲音樂社既註冊登記而取得「蘇打綠」商標，並且公開使用長達十餘年，而超越《商標法》第58條之法定5年評定期間，法院之認定林暐哲音樂社依法為「蘇打綠」商標的權利人，應有所本。

三、吳青峰等是否得請求「蘇打綠」商標之移轉？

　　由於法院在審酌相關事證後，認定雙方之經紀合約及續約均無「蘇打綠」商標之申請註冊約定，也認定林暐哲音樂社係為保障自身商業利益而註冊商標，並已公示為商標權人長達十餘年等，而認定林暐哲音樂社取得「蘇打綠」商標，並非無法律原因，而不構成不當得利等情；進而認定吳青峰等之請求移轉「蘇打綠」商標並無理由。

　　倒是近來，由於報載林暐哲聲稱「我決定放棄商標的所有權，並祝福這個名字有更好的未來」，才出現成員們是否可因前經紀人宣布拋棄而可拿回「蘇打綠」的討論。就此，可以注意的是，商標既然採「註冊」主義則商標的拋棄自然也有一定的文件。例如：《商標法》第45條就規定，商標權人拋棄商標權應以書面向商標專責機關為之。可見，商標拋棄也需要向智慧財產局提出書面申請，始生效力。

　　另外，如果想要把商標轉讓他人時，也需要完備一定的程度。例如：《商標法》第42條就規定，商標權之移轉，非經商標專責機關登記者，不得對抗第三人。因此，商標移轉時，雙方須持移轉契約等文件，向智慧財產局辦理移轉登記，始足以對抗他人。總之，無論是商標權的取得、拋棄或是轉移，都還是要向智財局提出書面申請，並不是口頭說說就有效。

　　總括而言，「蘇打綠」商標的爭議，可以作為文創與藝術

創作者的借鏡，不管是獨立歌手、樂團或其他藝術創作者，千萬記得口說無憑，商標既然採「註冊」主義，則沒有取得商標註冊就不受保護。

同時，除非經紀合約內有商標歸屬、授權或使用的規定，否則，商標權也不會因為經紀合約的變動，而影響商標權。

更重要的是，商標權的侵害，在台灣可不是單純的民事損害賠償而已，商標侵權是有刑事責任的。民眾可千萬要多留意了！

網紅商標權屬於誰？

　　網紅經濟當道，越來越多年輕朋友在網路平台嶄露頭角，甚至一夕之間成為網路紅人，連帶讓商務糾紛，甚或商標爭議浮上檯面。

　　前才跟大家分享蘇打綠商標爭議案例，近來又發生網紅波特王跟自己前公司的粉絲頁、藝名權利與商標註冊爭奪問題。提醒在網路與新創、文創事業努力奮戰的民眾特別注意。

實務上常有網紅或網友誤以為離開原來東道主後，可以搶先註冊商標。但是，商標的註冊登記並不是單純搶先就沒問題。所以提醒大家要注意下列幾個面向：

首先，聘僱合約對於各類智財權多有明文規定，且多約定屬於僱主所有；因為僱主畢竟投入相當的資源。所以，受僱的網紅們一定要注意，如果你跟東道主間曾簽訂聘僱合約，且合約裡對於智財權的歸屬已有約定時，一定要先看清楚，免得吃力不討好。以避免不但拿不到想要的權利，還落得違約賠償的下場！

其次，如果這個註冊的商標曾有類似商標存在、類似世界著名商標、或跟其他著名的藝名、筆名、姓名或著名的公司行號、商號、標章等名稱類似，而可能讓消費者混淆誤認時，就有可能構成《商標法》第30條規定「不得註冊」商標的情形。即便已經申請商標登記，只要在商標註冊公告後三個月內，都可以依《商標法》第48條異議，好讓這個商標無法順利取得登記。

再者，就算商標已經註冊成功，依《商標法》第57條規定，對前述等足以使消費者混淆的商標，利害關係人也可以申請評定該商標無效。只是，除了惡意登記商標者外，評定無效時間以五年為限。

　　簡言之，員工跟東道主不歡而散時，真的不要以為搶先登記商標，就可以合法取得商標。提醒大家還是要先看一下，以前的聘僱合約有沒有智財條款，也審慎評估有沒有《商標法》30條不得註冊的情形；更要注意不要使用未經合法授權的商標，才不會因為商標侵權而需擔負民刑事責任及賠償。

　　提醒大家千萬別忘了切身的權益！

好心救人
會不會因救助不當而挨告賠償？

　　藝人林志穎在111年7月22日駕駛特斯拉在桃園發生事故，當時見義勇為的民眾奮不顧身趕在汽車爆炸前，將林志穎拉到車外而逃過死劫。就此，民間反應兩極化，有人認為在不確定頸椎是否受傷就移動病人，可能造成頸椎脫位而被告求償；也有人認為怎麼能夠見死不救？

　　單純就法論法，前述林志穎車禍案當下的情事，似已符合

「緊急危難」的要件，而可阻卻違法。但是，見義勇爲的朋友也應注意，法令或有免責規定以保障救助者毋庸負責，但現實社會的冷漠疏離，也沒有辦法確保傷者日後不主張或訴追。簡單的說，在冷漠的現實社會中，救人還是有一定的法律風險！

也因此，林志穎車禍救助案一時之間，也讓救與不救成爲當下的熱門議題。但法律眞的沒有鼓勵救援的規定嗎？其實不然，西方關於救助行爲就訂有《善良的撒瑪利亞人法》（Good Samaritan Laws），讓緊急狀態下施救者的無償救助行爲，造成被救助者損害時，得以免除責任。

其實，台灣也有類似規定，例如：《刑法》第284條雖然規定：「因過失傷害人者，處一年以下有期徒刑、拘役或十萬元以下罰金；致重傷者，處三年以下有期徒刑、拘役或三十萬元以下罰金」，但《刑法》第24條第1項也規定：「因避免自己或他人生命、身體、自由、財產之緊急危難而出於不得已之行爲，不罰。但避難行爲過當者，得減輕或免除其刑」。

只是「緊急避難」的適用必須符合下列要件：

一、客觀上存在緊急之危難情事：也就是有生命、身體、自由、財產法益緊急性的危難。至於所謂「緊急」則不以迫在眼前的危難爲限，還包括持續性的危難。也就是即便危難並非迫在眼前，但隨時可能轉化爲實際損害。例如：結

構不安全而隨時有倒塌危險的房子，也包括在「緊急」定義內。

二、主觀上須出於「救助」意思，也就是行爲人認知到危難情狀而出於「避難」而言。

三、避難行爲除具備「必要性」外，也要符合「利益權衡」。所謂「必要性」就是爲達到避難目的而採取的有效手段，且選擇損害最小的手段。至於「利益權衡」則是指在被救助與被犧牲的法益加以權衡其結果。也就是在被救助法益具有優越性，並且符合「手段」與「目的」相當性時，才能「阻卻違法」而不罰。

另外，《緊急醫療救護法》第14條之2第1項也規定，救護人員以外之人，爲免除他人生命之急迫危險，使用緊急救護設備或施予急救措施者，適用《民法》、《刑法》緊急避難免責之規定。尤其，該法101年修正理由也明載：「急救或許可能發生無法事先預測之風險，然對患者而言仍有利益存在，雖現行《民法》、《刑法》已有免除相關民事及刑事責任之規定，惟大部分民眾相關責任仍存疑義，爲避免對於民事、刑事責任不必要之誤解或顧慮而影響民眾伸出援手施救之意願，爰增訂本條。」可見我國現行法令對於「緊急救援」確實已有免責規定。

　　何況，實務上亦有判決認定，領有證照之保母，當發現受託幼兒開始吐奶、抽搐、身體緊繃、嘴巴緊咬、眼睛上吊，就幫他實施口對口人工呼吸、嬰兒異物哽塞法，而造成該幼兒下巴瘀傷並無過當。也說明因為保母是出於避免受託幼兒的身體、生命之緊急危難，而對被害人施行CPR，屬於「緊急避難」行為，而可應「阻卻違法」不罰。

　　以藝人林志穎特斯拉事故為例，假設事故當下確係車體近乎毀損，而鑒於汽車引擎因撞擊與高溫隨時可能起火，若未及時救助可能因車體爆炸而死亡時，應已符合「緊急危難」之要件。因此，當救援民眾當下認知車禍的緊急危難，而將林志穎自車內拖出，以避免車輛高溫燃燒造成死亡風險，應已符合前述「緊急避難」的要件，而得依《刑法》第24條第1項規定阻卻違法。

　　只是，訴訟既是《憲法》保障之基本權利，法令雖有免責規定以保障「緊急危難」之救援者毋庸負責，卻無法避免傷者日後不主張或訴追。或許這就是人與人之間關係疏離並造成社會冷漠的主因之一吧！

從丁允恭的訴訟反擊
看肖像權及性騷擾之定義

前總統府發言人丁允恭遭指控擔任高雄市新聞局局長期間，同時與未婚妻及女記者交往，卻在與女記者分手後，於臉書上傳兩人之合照，致影響該女記者的正常生活與工作。嗣經監察院於110年1月15日彈劾丁允恭並移送懲戒，並經懲戒法庭認定丁允恭行為放蕩不檢，嚴重損害政府信譽及公務員形象，違反《公務員懲戒法》第2條，而判決撤職並停止任用兩年。

　　但據報載，丁允恭不滿該女記者109年9月間提供兩人親密合照給周刊，導致其辭職且引發網路霸凌，已起訴主張女記者前揭行為構成性騷擾，請求賠償1元。

　　那麼，丁允恭的主張是否有理呢？

　　首先，《性騷擾防治法》第2條規定，所謂「性騷擾」是指「性侵害」犯罪以外，對他人實施違反其意願而與性或性別有關之行為，且有下列情形之一者：「二、以展示或播送文字、圖畫、聲音⋯⋯，而有損害他人人格尊嚴，或造成使人心生畏怖、感受敵意或冒犯之情境，或不當影響其工作、教育、訓練、服務、計畫、活動或正常生活之進行。」

　　至於判斷行為人之言行是否構成《性騷擾防治法》第2條第2款之性騷擾，應以合理第三人之立場，先以客觀標準判斷其是否含有性要求、具有性意味，或含有性別歧視、偏見、侮辱之意涵；如屬肯定，再進而審酌事件發生之背景、環境、當事人之關係、行為人之言詞、行為及相對人之認知等具體事實，綜合研判該言行是否有損害他人人格尊嚴，或造成使人心生畏怖、感受敵意或冒犯之情境，或不當影響其工作或正常生活之進行，予以認定。此有《性騷擾防治法施行細則》第2條等為據。

　　如依前開標準，參酌女記者於109年9月間提供兩張合照

中，一張為兩人肩膀以上裸露，另一張則為丁允恭熟睡照，其縱具有性意味，然依監察院彈劾案文所載，被彈劾人丁允恭於任職高雄市政府新聞局局長期間，因職務之故與該女記者交往，並坦承在局長辦公室及職務宿舍發生性行為，兩人分手後，丁允恭甚至結婚仍未停止騷擾等情。丁允恭之工作受影響，應係可歸責於己之事由而違反《公務員懲戒法》，而遭監察院調查與彈劾。

因此，參酌該事件發生的背景、環境、丁允恭與該名女記者之外遇關係等情，恐難逕自認定女記者之言行造成丁允恭人心生畏怖，或不當影響丁允恭工作或正常生活，而未必構成「性騷擾」。

至於丁允恭請求女記者賠償，則須衡量「肖像權」與「言論自由」間是否符合「比例原則」。

按依《民法》第184條第1項前段及第195條第1項規定，因故意或過失，不法侵害他人之權利者，負損害賠償責任。不法侵害他人之身體、健康、名譽、自由、信用、隱私、貞操，或不法侵害其他人格法益而情節重大者，被害人雖非財產上之損害，亦得請求賠償相當之金額。

有鑑於「肖像權」雖在《民法》未設明文，但《民法》第18條確有「人格權」之規定，而「肖像權」既為「人格權」

之具體化，並為《民法》第184條第1項前段所稱「權利」之一種，及同法第195條第1項所稱之「其他人格法益」，而為人格權之具體化權利。是以當「肖像權」受有侵害而情節重大時，自得請求損害賠償。

祇是，「肖像權」與「言論自由」既同受憲法保障，但當二者有衝突時，實務上仍就個案衡量，肖像之公開是否基於「社會利益」？以及是否符合「比例原則」？

至於名譽侵害，《刑法》第310條第3項及第311條也有不罰的規定。此外，司法院大法官解釋為了調和「言論自由」與「名譽保護」的基本權利衝突，也增設「相當理由確信真實」與「合理查證」，作為侵害名譽之阻卻違法事由。

就此，法院實務也屢次在判決中表示，前揭不罰規定與阻卻違法，在民事法律也應予以適用，方足以貫徹法律規範價值判斷之一致性，並維持法秩序之統一性。

據此，肖像權、名譽權雖為基本權利，然與言論自由之調和，仍應依「比例原則」衡量之。而依法院判決，也認定當肖像權與言論自由衝突時，應按肖像的公開是否基於社會「知」的利益，以及是否顧及肖像權人的「正當利益」且符合「比例原則」，來綜合判斷該行為的違法性。

綜上，對於丁允恭主張女記者提供周刊親密合照，導致其工作受影響而須辭職乙事，承前所述，丁允恭已遭監察院彈劾並認為屬可歸責於己的違法行為所致。何況，《刑法》第311條第3款規定，對於「可受公評」之事，而為適當之評論者，不罰，亦得以作為民事侵權行為之阻卻違法事由。

丁允恭既先後擔任高雄市政府新聞局局長、行政院發言人等高階公務員，身為公眾人物，行為舉止動見觀瞻，基於社會「知」之利益，其肖像權、名譽權之保護應受限制。

因此，該女記者應可主張縱然其所提供之照片涉及隱私，但照片內容真實，又與監察院彈劾案所指兩人親密關係相關，且有利民眾判斷丁允恭有無公器私用等「社會利益」，應未逾越合理使用範圍，而符合「比例原則」可阻卻違法，而不應構成肖像權或名譽權之侵害。

靠染疫博高額賠償？
別再抹黑弱勢民眾了！

　　國內疫情暴增，防疫保單一片混亂，理賠申請大增。但金管會才在西元2022年初公布保險業去年（2021年）獲利增84.3%。明明是大鯨魚對小蝦米，主管機關或保險公司就別再用「投保民眾重複保險獲利不當」等藉口，欺負經濟弱勢的平民百姓了！

　　考量未來確診率還會持續攀升，防疫保單在業者眼中形同燙手山芋，下架、退保、不續保等爭議接連爆發。甚至有網紅

點名有一家四口事前投保高達16張防疫保單，因全家確診而領取160萬元保險金，有「不當得利」之疑慮。這種指控在網路與名嘴推波助瀾下，也引發一連串批判並質疑民眾趁火打劫，藉防疫保單獲利？

》 防疫險屬「定額保險」 不受「複保險」拘束

但真正應該關心的不難道是，一人投保數家防疫保險是否合法？有無違反複保險之規定？

其實，市面販售之防疫保單，不論是法定傳染病關懷保險金、隔離費用補償保險金、住院日額保險金等，都屬於「定額保險」，並不以被保險人實際受有損害作為給付條件，也因此不適用《保險法》第35條以下有關「複保險」的規定。所以，被保險人如投保多張防疫保單而未履行通知義務時，也沒有無效之問題。

何況，保險公司對被保險人投保多張保單的情事，在締約時就可以透過書面詢問減少風險。因為《保險法》第64條明定：要保人應據實說明，否則保險人得解除契約。所以，保險公司承保後，當然不可以用「重複投保」為由拒絕理賠。

遑論，防疫險既係以被保險人罹病為給付條件，就屬於「健康保險」，而依《保險法》第125條第1項及第130條規

定,「健康保險」在被保險人疾病、分娩及失能或死亡時,保險公司應負給付保險金額的責任;而且對於「人壽保險」之相關規定,「健康保險」也同樣準用。

此外,「健康保險」在保險分類上既同時包含「損害保險」和「定額保險」。有關殘廢給付、死亡給付及定額型之醫療費用給付,性質上均屬於「定額保險」,並無「利得禁止」原則之適用。至於「實支實付型」之醫療費用保險,因所填補者為以金錢估計之具體損害,則屬於「損害保險」,而有「利得禁止」原則「複保險」之適用。據此,「健康保險」係以疾病發生作為保險事故,至於,是否適用「利得禁止」原則,則視其保險條款究竟屬「損害保險」或「定額保險」而定。

目前,市面上防疫險項目林林總總,例如:隔離補償保險金、確診補償保險金、確診住院日額保險金、確診負壓隔離／加護病房日額保險金。其中也分別定義所謂「隔離補償保險金」係以被保險人因法定傳染病而隔離時,得請求保險公司定額給付;而所謂「確診補償保險金」則指被保險人經醫師診斷確定罹患法定傳染病,得請求保險公司定額給付;以及「確診住院日額保險金」係指被保險人經醫師診斷罹患法定傳染病而住院診療時,得按實際住院日數,請求每日給付住院日額等等。凡此均屬給付一定金額之「定額保險」,而非以被保險人實際受有之損害作為給付標準。

》 複保險旨在避免「損害填補」原則遭破壞

另外，依據《保險法》第35條規定，「複保險」係指要保人對於同一保險利益，同一保險事故，與數保險人分別訂立數個保險之契約行為；而依《保險法》第36條及第37條之規定，除另有約定外，要保人應將他保險人之名稱及保險金額通知各保險人，要保人故意不為通知或意圖不當得利而為複保險者，該契約無效。

準此，複保險旨在避免要保人透過重複投保，以化整為零的方式從不同保險公司獲得超過其實際損害的保險給付，而導致「損害填補」原則遭到破壞。

但是，依據大法官解釋，「人身保險」契約並非為填補被保險人之財產上損害，而不生類如財產保險之保險金額是否超過保險標的價值之問題，應不受《保險法》關於「複保險」規定之限制。最高法院判例，也認定將《保險法》有關複保險之規定適用於人身保險契約，對人民之契約自由，增加法律所無之限制，應不再援用。

此外，高等法院判決也揭示：所謂「住院醫療保險」係指保險人與要保人約定，要保人交付保險費予保險人，保險人同意於被保險人因約定事故發生（如傷害、疾病或分娩）而住院醫療要時，依約定給付之行為。其給付方式約可分為「定額給

付」、「實支實付」及「提供醫療」等三種類型。據此,住院醫療保險之定位也因其給付方式不同而異其歸類。

》僅實支實付及提供醫療型之住院醫療保險適用複保險

由於「定額給付型」住院醫療保險,乃保險人依被保險人實際住院日數,每日給付固定金額;並不因被保險人實際有否支出該費用或有超支情形而有影響。因此,如被保險人因疾病、傷害或分娩而有住院醫療必要時,將遭受住院醫療費用等各種經濟及精神上損失;且由於該等損失無法量化,而約定以一定額數給付。這種就是「定額保險」。

又「按支實付型」之住院醫療保險,保險人係以被保險人實際支出之住院醫療費用為憑藉,按契約約定為給付,其目的在填補被保險人因支出住院醫療費用所受之損害,非使被保險人於該損害之填補外更受利益,故屬「損害保險」之一種。

至於「提供醫療型」之住院醫療保險,保險人則係提供適當之醫療環境以診療被保險人因約定事故發生所受之身體健康上之損害,而不給付任何費用予被保險人,也屬於「損害保險」之一種。

因此,僅「實支實付」及「提供醫療型之住院醫療」保險,因屬損害保險,始兼具「財產性」保險,而有複保險之適

用。至於「定額給付型」之保險，性質上既為「定額保險」，並無「利得禁止原則」的適用，而不適用「複保險」規定。

以坊間曾有的保單為例，其主要給付項目包含：法定傳染病關懷保險金、法定傳染病隔離費用補償保險金、法定傳染病住院日額保險金。

其中，法定傳染病關懷保險金係指「被保險人於保險契約有效期間內，經醫師診斷確定罹患法定傳染病時，依約定給付保險金」，而被保險人經診斷確診，得請求給付一定金額之關懷保險金（例如：給付1萬元、3萬元、5萬元不等），其性質上就屬於「定額保險」，而不適用「複保險」之相關規定。

「隔離費用補償保險」，則係指被保險人在保險期間內，依我國各政府機關為防治法定傳染病之需要，被認定應接受居家隔離、集中隔離、隔離治療、居家檢疫或集中檢疫時，保險公司應依照保險契約約定，定額給付「隔離或檢疫補償保險金」。因而被保險人若經主管機關認定應接受隔離處置者，即可依方案之不同，請求給付定額之隔離補償。

至於「法定傳染病住院日額保險金」，則指被保險人在保險契約有效期間內，經醫師診斷確定罹患法定傳染病時，保險公司應按其實際住院日數依保險契約約定之法定傳染病住院保險金額，每日給付法定傳染病住院日額保險金。據此，確診住

院之被保險人，亦得依實際住院日數請求給付一定金額之保險金，屬給付固定金額之「定額保險」。

》 防疫保單重複投保不應拒賠

假設一家四口眞如報載投保16張防疫保單時，祇要投保契約爲「定額保險」，就沒有「複保險」的適用。也因此，縱然被保險人或要保人未告知保險公司另有保險契約存在，也不影響其保險契約的有效性，而保險公司事後也不得拒絕給付。

相關規定及實務見解既然十分明確，就拜託主管機關或保險公司別再用「保險公司理賠後恐有資本適足率問題」、「投保民眾重複保險獲利不當」、「違反複保險規定」等藉口，欺負經濟弱勢的平民百姓了！

風箏捲童、場地傷國手
若在國外可就賠慘了！

　　記得，新竹市舉辦國際風箏節活動，因發生幼童被纏繞捲到半空中的意外而震驚國內外。該項驚悚畫面也因迅速傳遍全球，而嚴重損害台灣好不容易建立的國際形象。

　　無獨有偶，新竹市政府斥資12億重建的新竹市立棒球場開幕啟用，也因場內設施瑕疵造成多位場上比賽的職棒選手受傷，更有明星球員整個賽季無法參賽。政府場地落漆至此，簡

直匪夷所思！

　　民眾不免懷疑主辦單位對活動安全措施的輕忽，是不是因為台灣沒有像國外般巨額賠償所造成？是不是認為祇要給受害的台灣民眾些許慰問金就可以和解了事？行政官員難道不知道類似事件如發生在國外，面對就是難以想像的天價賠償及行政責任？

　　以風箏事件為例，這次事故不免讓人想起二十幾年前，陳水扁時期「拔河斷臂案」，當時也是因為大型活動設計不當，導致參與民眾重傷，最後文化局長羅文嘉請辭下台。但是，單純的道歉及究責有什麼用？畢竟意外與衝擊已經造成了，也在受害幼童和與會者心中留下不可磨滅的印記！

　　這次雖然不幸中的大幸，最後由英勇民眾在摔落前接住幼童而免於一劫，但傷害也已經造成了。

　　反觀美國，損害賠償並不限於身體的傷害，也包括心理的衝擊；甚至請求對象也不限於被捲上高空的幼童，還包括與會的幼童、家人，及現場目睹而受驚嚇的參與者。因為這些人都可能因該事件造成心理創傷（包括：日後懼高或害怕節慶活動等），都因此可能主張損害賠償。至於具體求償的部分，也視個案而有所不同。但除醫療支出的損失，以及心理治療與諮詢費用等外，還可按照受害人餘命長度，衡量受害者的精神損害

賠償。所以判決結果常見鉅額賠償。

關於「風箏」活動，或許行政單位籌備的發想很好，但是先前已在他國有類似意外事故，所以更不容輕忽！尤其，節慶活動絕不是場面越熱鬧、越混亂越好。實際上，對於公共安全、風險控管，政府必須格外慎重，也絕不是一句道歉就能了事的！

回頭看看球場的爭議，新竹市政府和相關單位真的是大內宣慣了，而用這種扮家家酒的方式執政的嗎？花了這麼多民脂民膏，還屢次追加預算的重大設施，怎麼會有那這麼多的缺失？民眾辛苦的納稅錢究竟花哪裡去了？

如今，公共設施只要粉飾外裝，就可以忽略最基本的安全性與實用性嗎？這種荒腔走板的政治剪綵式大內宣，將寶貴的職業球員和觀賽民眾的安危深陷風險之中，實在令人無法接受。

尤其看到林哲瑄自曝「一切恐化為烏有」的擔憂，實在非常難過。選手的職業生涯有限，人生精華可能就短短幾年，提供優質場地更是政府與主辦方無可推卸責任，卻搞出這種烏龍，實在讓人氣憤！

為化解眾怒，林智堅雖曾公開表示願負擔林哲瑄的醫療費

用，但令人憤怒的是，這並非單一事件，何況職業選手的人生又豈是只有醫藥費和開刀費！

雖然我對運動並不在行，但是我懂法律及國際實務與訴訟，類似荒唐行徑如果發生在國外，絕對賠不完也沒完沒了。要知道，球員的運動生涯絕不是醫療費用就可以解決的。除了工作損失外，聽說林哲瑄本來要議約了，而且合約本也不只一年，但突然而來的受傷，也弱化了他的議約地位。試問，哪個球隊會用原先應該有的高價簽下一個可能養傷兩年的球員？

所以，在國外相類似案例，絕不是賠賠醫藥費就了事的！一定要考慮他的職業生涯，以及對他的人生境況造成的損失，大家可以想想這筆錢將有多龐大？就別提考量相關人士的損失、球團的票房損失、賽事收入損失等等。簡單說，損害是一連串的，絕不是一個人受傷，就衹要賠償這個人醫藥費這麼簡單。

更糟糕的是，因為選手傷勢是在新竹市立棒球場外野草皮飛撲接球而傷，公有場地的缺失必須考量在內。《國家賠償法》第3條第1項明文規定：「公有公共設施因設置或管理有欠缺，致人民生命、身體或財產受損害者，國家應負損害賠償責任。」法院更早有判決認定：「在公有公共設施因設置或管理欠缺情況下，依客觀之觀察，通常會發生損害者，即為有『因

果關係』。」

行政官員只要有一點良知或在乎別人的安危或者用點心，就不會容忍這種怠惰及不負責任的行為！但就是這種家家酒方式執政的後果，不光是丟臉，天價賠償的代價還都是要人民辛苦的納稅錢來賠，這對人民公平嗎？

更糟糕的是，職棒、選手、民眾和台灣的聲譽更因此蒙受巨大損失。這種丟人現眼的球場水準，早已把台灣長久以來累積的聲譽都會毀於一旦吧！

CHAPTER 2

律師講網路

網路小白？
社群網站投資理財遭詐騙？

　　在網際網路迅速發展的現代，網路詐騙與日俱增。由於網路具備匿名的特性，網路資訊未必可信，再加上交流僅靠鍵盤而毋須面對面，網路訊息之真假往往難以分辨。

　　尤其，近年來金融投資詐騙手法日新月異，不論是手機簡訊、或是LINE等社群網站常有「飆股」、「保證獲利」、「穩賺不賠」等投資訊息，還包括課程、經驗與操作分享等等，以致

民眾誤入詐騙集團經營之群組亦多有耳聞。

實務上也有相當多的案例顯示，民眾常因相信群組成員在網站上貼示獲利豐厚的投資對帳單，而一時心動將多年積蓄匯入指定帳戶，等到發現異常時，詐騙集團早已將款項提領而損失慘重。

究竟，遭遇詐騙集團以電話、簡訊、社群媒體或LINE等方式誘騙投資時，應該如何因應？檢警調與司法單位能否提供有效的協助？政府部門的態度又是如何？

》 詐騙手法

近年來，投資詐騙手法不斷推陳出新，冒用金融機構或專業投資分析師名義誘騙民眾更有日益增加的趨勢。

根據金融監督管理委員會證券期貨局統計顯示，110年接獲民眾檢舉的非法投資詐騙案計336件。其中，移送檢調單位處理的案件計116件；而111年度上半年度更高達323件，直逼去年全年總檢舉之件數。

證期局並指出，111年接獲之檢舉案件主要係以「冒名金融機構詐騙」、「以簡訊或LINE群組誘騙投資」、「虛擬貨幣交易」、「經營非法期貨或投顧」等類型詐騙。就此，金融機構

也已表示在發現遭詐騙集團冒名時，會盡速於自家公司官網公告遭冒名之聲明。至於其他類型之詐騙，則常透過下列方式誘騙民眾，而較難以及時停損：

一、龐式騙局

　　參閱這幾年來的法院判決及裁定，可發現詐騙集團多透過手機簡訊、社群廣告及私訊等方式，散播投資獲利訊息以吸引民眾。例如：「加入飆股群組」、「分享獲利100倍之方法」、「對投資有興趣嗎？這邊有數字貨幣交流群，裡面有專業老師，可以拉你進去學習」等文字引誘民眾，嗣後再將該等民眾拉入私人LINE群組，進一步誘騙。

　　其實，這種拉人加入的模式，最有名的應該是西元1919年由查爾斯・龐茲（Charles Ponzi）策劃的「龐式騙局」（Ponzi sheme），其詐騙手法就是向投資人推薦高報酬的投資商品，但實際上詐騙集團並未投資所指稱的商品或獲利，反倒是透過吸收新投資人加入，或說服現有投資人不斷投入更多資金的方式，來支應前所承諾的報酬。

　　也因此，雖然最早加入的投資人可以在短時間內獲取高報酬，並誘使更多投資人盲目跟進。但當新投資人或資金無法繼續流入後，就無法支應而破局，也導致投資人血本無歸。

　　簡言之，這種詐騙就是以高獲利為誘餌，將後期投資者所交付資金作為前期投資者報酬，來製造投資活絡的假象。也因此，詐騙集團為持續此種詐騙模式，必須不斷拉攏民眾加入群組，並誘使其投資及匯入資金，來活絡投資假象。然而，此種以「後金補前金」的模式，在後續進場的投資人減少或無人進場時，所需支付之款項就會因後金停滯而引發資金崩盤，並導致使投資人血本無歸。

二、洗腦

　　又，法院判決顯示，當被害人加入詐騙集團所經營之投資群組後，詐騙集團之成員即開始對被害人進行「洗腦」。例如：在群組中不時張貼投報率驚人的投資「對帳單」，再透過其他詐騙集團成員在群組中互相吹捧。雖然群組中偶爾也有「賠錢」案件，但其主軸始終以「高獲利」、「穩賺不賠」為導向，藉以讓加入群組之民眾每天吸收這些不實訊息的洗腦，而產生好奇心與投資的衝動。

　　再加上詐騙集團成員在群組中的一搭一唱，不斷敲邊鼓及鼓勵了持續一段時間後，民眾在資訊不對稱之情況下，自然容易受騙上當而讓詐騙集團牽著鼻子走。

三、匯款

形形色色的投資詐騙目的其實只有一個，那就是匯款給錢！

因此，當被害人開始對吹噓的投資項目感興趣時，詐騙集團就開始誘騙投資人點選投資APP，或提供虛設之匯款帳號，好讓投資人逐次將投資金額匯入。

當然，過程中詐騙集團為使投資人相信有獲利而非詐騙，也可能用「出金」方式取信投資人，好讓投資人嚐到甜頭後，願意繼續加碼投入資金。

其後，等詐騙集團騙到一定金額後，就會將原架設之APP或虛設帳戶關閉。即使投資人在關閉前想領回報酬，也可能面臨阻擾。例如：在群組中宣稱其網站或APP遭駭客入侵以拖延時間，或將被害人踢出群組、封鎖，使得被害人求償無門了，才驚覺自己已受騙上當。

》 因應：圈存機制

民眾落入詐騙圈套後應如何尋求協助？被害人在款項匯出後，還來得及追回嗎？

其實依據行政院金融監督管理委員會制定之《銀行對疑似

不法或顯屬異常交易之存款帳戶管理辦法》，當存款帳戶經通報為警示帳戶，或經民眾通報疑為犯罪使用時，相關金融機構於接獲通報後，如帳戶內之詐騙款項已遭歹徒轉出至其他金融機構帳戶時，應立即啟動聯防機制，通報該受款之金融機構，以協助檢警調阻斷詐騙資金之流出。

因此，當民眾遭詐騙後，應保持冷靜並立即撥打165反詐騙專線通報，並向警察局報案，且將所蒐集、保留的所有對話紀錄、交易紀錄、明細、截圖等提交警方作為證物。

而檢警調在接獲報案後，更應立即將資料傳至相關之金融機構進行圈存止付，好將尚未被領出之款項凍結，使詐騙集團無法成功提領贓款。

》 法律責任

至於詐騙集團及其成員的行為，可涉及下列罪責：

一、詐欺罪

由於詐騙集團多由數人所組成且每位成員的分工極細，有人擔任組織的大腦，負責構思詐騙方法；也有人擔任車手，負責提領受騙金額；更有人負責提供人頭帳戶，供作收受詐騙贓款使用。雖然提供人頭帳戶者未必實際從事詐騙行為，但私人

帳戶為個人重要資產，除非與使用者間有特殊關係，似無將私人帳戶供他人使用的正當理由。尤其，帳戶所有人應知個人帳戶落入陌生人手中，極容易被利用從事犯罪。

何況，現今社會詐騙手法層出不窮，在政府多方宣導與媒體大肆報導下，若行為人帳戶遭濫用，法院可能認定行為人足以預見其帳戶可淪為他人不法使用卻未進行防阻，因而認定帳戶提供者的主觀上具有使他人利用帳戶實施詐欺取財犯罪的「不確定故意」。就算法院認定帳戶提供者並非「共犯」，但提供帳戶對於詐騙集團的詐欺取財或洗錢之犯罪行為將有所助益，而可能依《刑法》第30條及第339條之「幫助詐欺取財罪」追究。

二、加重詐欺罪

當詐騙集團利用網際網路對不特定社會大眾散布不實訊息詐欺時，或者當詐騙集團人數超過三人時，其詐欺行為將構成《刑法》第339條之4的「加重詐欺罪」，而可處七年以下有期徒刑。

三、非法吸金罪

除《刑法》詐欺罪外，當詐騙集團之行為涉及收受存款、受託經理信託資金、公眾財產等時；或涉及以借款、收受投

資、使加入為股東，或以其他名義向多數人收受款項或吸收資金，而約定給付與本金顯不相當之報酬時，也可能違反《銀行法》而構成「非法吸金罪」。

四、違反洗錢防制法

如詐騙集團用人頭帳戶收受、持有及掩飾詐騙所得，並將該犯罪所得回流正常金融體系時，就可能構成《洗錢防制法》的「洗錢」。

由於詐騙集團多利用他人的人頭帳戶收受詐騙所得，導致警方追緝困難，也紊亂社會正常交易秩序，更造成社會互信受損。因此，為穩定金融秩序，促進金流透明，當有《洗錢防制法》第2條規範的「洗錢」行為或「幫助」行為時，就可依該法第14條或第15條論罪科刑，其最重還可以課處七年以下有期徒刑。

眾所周知，投資都有風險，只是風險大小不同。因此，投資人必須冷靜思考、謹慎求證。千萬記得高獲利也伴隨著高風險，切勿聽信不明來源的投資訊息，如收到穩賺不賠的飆股訊息，就要警覺是否是詐騙。

否則，好康的賺錢資訊，他人又怎會無償傳授？理性投資人務必先關注投資項目的「風險」，其次才是「收益」。如果

有不能合理控制的風險，千萬不要輕易將資金投入，以避免無法挽回的損失。

　　現今社會誠信不再，行詐手法又日新月異，民眾如遇有任何指示匯款、操作ATM自動櫃員機的訊息，最好先撥打165反詐騙專線或110報案，以免遭受詐騙。另外，投資時也應善用公開資訊觀測站等正當合法管道，來了解相同公司的基本資訊、營業狀況、財務狀況、歷年獲利等，並在審慎評估後再投資，才較安全和穩當。

網購付款卻收不到貨或收到假貨只能自認倒楣？

　　隨著網際網路普及，網路購物早已成為民眾日常的購物管道，再加上COVID-19疫情影響，更使得網購電商的交易蓬勃發展，但網購交易的紛爭也隨之層出不窮。

　　最常見的爭議就是民眾在網路下單並付款後，卻遲遲未收到商品，或收到的商品與網站所示不同，而是品質粗糙的假品。如果不幸碰到，又該如何處理？

以法院判決為例，一名大學畢業生，某天在特定網站上看到比市價便宜的智慧型手機及平板，就立即下單並轉帳付款，但遲遲未收到商品，其後上網查看，才發現該網站已不存在。

就此，民眾享有什麼權利？網路販售業者又應該擔負什麼法律責任呢？

》 恐涉詐欺罪嫌

按，《刑法》第339條第1項規定：「意圖為自己或第三人不法之所有，以詐術使人將本人或第三人之物交付者，處五年以下有期徒刑、拘役或科或併科五十萬元以下罰金。」

本條「詐欺罪」成立的要件除須具備「主觀」要件外，也需有「客觀」的行為。也就是行為人主觀上要有為「不法所有的意圖」且還要有下列客觀行為：

一、施行詐術

所謂「詐術」就是指有傳遞與事實不符資訊的行為。例如：虛構事實、扭曲事實或掩飾事實等；而法院判決也指出，所謂「詐術」行為，不以積極之語言、文字、肢體、舉動或兼有之綜合表態等為限之消極之隱瞞行為，致使被害人陷於錯誤，也包括在內。所謂「施用詐術」，也不限於積極以虛偽言

詞、舉動所為的欺罔行為。當行為人負有告知交易上重要事項的義務，而不告知時，也構成所謂的「不作為詐欺」。又，行為人的言詞舉動，如在社會通念上可認為具有詐術含意時，就構成所謂的「舉動詐欺」。

二、使相對人陷於錯誤

所謂「錯誤」就是指被害人對於是否處分或交付財物的判斷基礎有所誤認。也就是當被害人知道真實情狀時，依社會通念就不願交付財物。

三、相對人為財產上的處分

相對人必須因陷於錯誤而處分財產，例如：因該錯誤而交付自己之財產予行為人。

四、相對人或第三人受有財產損害

相對人或第三人係因被欺罔，而有財產上之損失。

五、客觀要件間需有「因果關係」

法院判決指出：被害人的錯誤必須是行為人「施用詐術」的結果，也就是「詐術」與「錯誤」間需有相當的因果關係。也就是上述各項客觀要件間，必須存在因果關係。因此，當行為人施行詐術後，應有導致被害人產生「主觀上的認知」與

「客觀事實」不符的情況。此有法院判決明載：「加害者如有
不法取得財物之意思，實施詐欺行為，被害者因此行為陷於錯
誤而為財產上之處分，受其損害，即應構成該罪。」反之，若
其所用之方法，不能認為詐術，此不致使人陷於錯誤，則不構
成該罪。

簡言之，如今網際網路及電信傳播方式對社會公眾也有重
大影響，而詐欺行為也有集團化並迅速擴散的趨勢，其侵害社
會的程度及影響層面也較普通詐欺行為嚴重，而有加重處罰之
必要。因此，《刑法》第339-4條增訂時，在第1項第3款就規
定：「犯第三百三十九條詐欺罪而有下列情形之一者，處一年
以上七年以下有期徒刑，得併科一百萬元以下罰金……以廣播
電視、電子通訊、網際網路或其他媒體等傳播工具，對公眾散
布而犯之。」

值得注意的是，法院判決迄今仍以行為人雖利用廣播電
視、電子通訊、網際網路或其他媒體等傳播工具犯罪，但如未
向「公眾」散布詐欺訊息，而係針對「特定人」發送詐欺訊息
時，仍僅構成「普通詐欺罪」。

反之，行為人若基於詐欺「不特定或多數」人的犯意，利
用網際網路等傳播工具，刊登虛偽不實之廣告，以招來民眾進
行詐騙，縱行為人尚須對於受廣告引誘而來之被害人，續行施

用詐術，始能使被害人交付財物，也成立「加重詐欺罪」。

》 詐欺者侵權行為需擔負損害賠償責任

另外，除刑事責任外，詐欺犯對於受害人因詐欺所受的損失，也需依《民法》第184條第1項之規定，擔負損害賠償責任。

以網購付款卻收不到商品，或收到假貨為例，其縱然不符合刑事詐欺的構成要件時，仍可依《民法》第348條第1項規定：「物之出賣人，負交付其物於買受人，並使其取得該物所有權之義務。」主張權利。是以，當無法證明賣方有「詐欺故意」或「施行詐術」，但網購既屬於買賣行為，賣方自有給付貨品的義務。

因此，網購民眾仍可請求出賣人交付貨物。倘若賣方經催告而仍不履行時，就構成「債務不履行」。又，當債務人因可歸責於己，致未依法或依約履行時，不論是給付不能、不完全給付，或是給付遲延，買方都可以依法解除契約，並依《民法》第226條、第227或及第227-1條規定請求損害賠償。

假設架設網站者係通過該架設的網站，吸引民眾購買不存在或仿冒之商品，其散布不實資訊之行為便可構成「施行詐術」；如果民眾因而被該不實的廣告內容及商品展示吸引，進

而產生錯誤的認知，以為購買的商品就是該廣告所展示的商品時，就符合使人「陷於錯誤」的要件。民眾如果因而在該網站下單並轉帳付款，便符合「財產處分」的要件；而民眾如果未收到所購買的商品或收到的商品為仿冒品，其實際價值與市價差距甚遠，都可符合「受有財產上損害」的要件。

簡言之，架設網站者利用網站散布不實訊息誤導民眾，使民眾陷於錯誤，進而處分財產的行為，就可能成立「詐欺罪」而有刑責。

要特別注意的是，針對網站行為人不出貨之原因，民眾應先行確認具體原因為何。如果網站行為人僅是因為缺貨而延遲出貨時，則僅屬於單純的民事糾紛，民眾就此可限催告出賣人，如網路賣家仍不履行，買家得主張解除契約並返還價金。

此外，依照《消費者保護法》第19條第1項規定：「通訊交易或訪問交易之消費者，得於收受商品或接受服務後『七日』內，以退回商品或書面通知方式解除契約，無須說明理由及負擔任何費用或對價。」也就是說，民眾如果在收到產品後發現商品有瑕疵，甚或是仿冒品，或不願購買，都可在收受產品後七日內，不附理由要求網購業者退貨還錢。因此，當民眾遇到網路購物紛爭時，除了依民法規定向賣方請求外，也可以依《消費者保護法》第43條規定，向消費者保護團體或消費

者服務中心或其分中心申訴。而網購業者也應於申訴之日起十五日內處理。民眾如未獲妥適處理時，即可向直轄市、縣（市）政府消費者保護官申訴並尋求保護。

　　無論如何，網路購物陷阱多，下單前詳閱網站資訊並小心求證，切勿輕信廣告內容，也不要心存僥倖或貪小便宜，才是防止被詐騙之最佳妙方！

侵入他人臉書帳號或變更內容有刑責嗎？

　　無故輸入他人帳號密碼、破解密碼後入侵他人電腦或相關設備，或無故刪除或變更他人電腦中的資料，均非合法行為，可要千萬留意！

　　值此網路資訊蓬勃發展的時代，人與人之間的溝通管道早已不限於面對面對談，而多透過社群網站或社群軟體平台交流。也因此，現代人幾乎都有自己的社群帳號，也常常在社群

網站發布評論或分享經驗，隨之而來的就是因追蹤及訂閱人數而享有點閱收入，網紅也因此成為現代的熱門行業；也因此盜用帳號案件頻傳。但當民眾遇到此類紛爭時，應該如何處理？隨意登入別人的社群帳號或刪改其密碼或內容，又要負什麼法律責任？

⟫ 無故入侵電腦　法律責任可大了

所謂「入侵電腦或其相關設備罪」，即《刑法》第358條的「無故輸入他人帳號密碼、破解使用電腦之保護措施或利用電腦系統之漏洞，而入侵他人之電腦或其相關設備者」，可被課處三年以下有期徒刑、拘役或科或併科30萬元以下罰金。該罪的構成要件除要有「主觀」入侵他人電腦或電腦相關設備的「故意」外，也要有客觀的入侵行為。例如：

一、輸入他人帳號密碼

行為人必須是「無權」登入。是以，假若行為人對該帳號本有登入權限。例如：公司經員工同意，以員工名義設置供公司公務使用的電子信箱等時。公司人員自屬有權登入使用該電子信箱，而不屬於「無權」登入，也因此，不構成「侵入電腦或其相關設備罪」。

然則，如經授權或同意，但已逾越授權範圍，或以不正方

法將虛偽資料或不正指令輸入電腦或其相關設備，以製造財產權之得喪變更紀錄，則仍會構成該罪。就此，法院判決也明載，《刑法》第358條及第359條所謂「他人之電腦及相關設備」的判斷標準在於行為人是否具有該電腦或相關設備的「使用權限」，而非該電腦或相關設備之「所有權」屬於何人。至於《刑法》第339條之3第1項所定的「不正方法」，則指不正當或非法手段。但該「不正方法」不以法律所明文限制者為限，如依社會一般生活經驗法則，認為不正當者亦屬之。

又，所謂「虛偽資料」則指虛假不實的資料，也包含不完整的資料。至於「不正指令」是指「不正當指令」，而所稱「製作財產權之得喪變更紀錄」，則是指製造財產增長、消失或變換易位的紀錄。

如今電腦科技日新月異，透過網際網路，以「不正方法」輸入「虛偽資料」或「不正指令」，達到製造財產的得喪變更紀錄，自應同受規範。何況，以「不正方法」利用電腦或其相關設備取得他人財產，屬於高度智慧的犯罪行為，不易防範且危害甚烈、影響至鉅，而應嚴予規範處罰。

二、破解電腦的保護措施

行為人如利用電腦技術，破解他人的密碼或攻破他人對於帳號密碼或電腦保護措施或防毒軟體時，也構成「入侵電腦或

相關設備罪」。

三、利用電腦系統漏洞入侵電腦或電腦設備

　　由於本罪的保護範圍除「電腦」外，也包括電腦硬碟、磁碟片、光碟等「電腦設備」，而依法院判決顯示，「須註冊會員帳號方得登入之網站（例如：臉書網站），各該帳號使用權限之擁有者為所對應之會員本人。因此，在該網站允許會員操作之範圍內，視同會員電腦之延伸，而為『電腦相關設備』。」因此入侵註冊會員帳號始得登入的網站，就可能構成《刑法》第359條：「無故取得、刪除或變更他人電腦或其相關設備之電磁紀錄。」若其行為致生損害於公眾或他人時，即可被課處五年以下有期徒刑、拘役或科或併科60萬元以下罰金。

　　又《刑法》第10條第6項規定：「稱『電磁紀錄』者，謂以電子、磁性、光學或其他相類之方式所製成，而供電腦處理之紀錄。」而《刑法》第359條之「無故」係指無「正當權源」或「正當事由」而言；至於「取得」則指透過電腦等科技之使用，將他人電磁紀錄移轉為自己所有；而「變更」則指更動他人電磁紀錄之原本內容而言。

　　有鑑於《刑法》第359條保護的法益在於維持電子化財產秩序，故不以實際上對公眾或他人造成經濟上損害為限；只要電腦中重要資訊發生得、喪、變更，即足認定電腦使用人發生

嚴重損害而構成本罪。

因此，無論是無故輸入他人帳號密碼、破解電腦的保護措施，或是利用電腦系統的漏洞，入侵他人電腦或其相關設備，或在其登入電腦後，無故刪除或變更他人電腦資料等均非合法。

》就算曾被授權也不能為所欲為

縱然曾被授權就可以為所欲為嗎？實則不然。

由於法院判決認定員工離職後已無使用或管理公司電子信箱或伺服器之權限，離職員工如未經原公司同意逕自登入原公司電子信箱、伺服器、新增管理員或修改日誌時，也符合「無故」的構成要件。又因其行為已造成伺服器及相關設施的資訊安全漏洞，足生損害於公司，而可構成《刑法》第358條之「無故入侵他人電腦設備罪」。其若進而刪除或變更電腦記錄，則同時構成《刑法》第359條之「無故變更他人電腦之電磁紀錄罪」。

以法院實務判決為例，某甲冒用A女臉書帳號、密碼登入A女網頁，張貼A女裸照，嗣後又更改密碼，使A女無法登入等行為，就構成《刑法》第358條「無故侵入他人電腦罪」及第359條「無故變更他人電腦之電磁記錄罪」。

又，《刑法》第360條也規定：「無故以電腦程式或其他電磁方式干擾他人電腦或其相關設備，致生損害於公眾或他人者，處三年以下有期徒刑、拘役或科或併科三十萬元以下罰金。」因此，行為人如有用程式或其他電磁方式干擾他人電腦設備，導致他人或公眾受損，則構成「干擾電腦或其相關設備罪」。

至於所謂「電腦干擾行為」，依據法院判決就是指「尚未達到毀損程度，而僅使電腦或網路的功能暫時性喪失，其干擾源一經排除後，電腦系統或網路即可恢復正常運作」而言。

值得留意的是，《刑法》第363條明定：「第三百五十八條至第三百六十條之罪，須告訴乃論。」而所謂「告訴乃論」就是指需要告訴權人追訴，才能進行後續程序並追究責任。

簡言之，針對特定犯罪行為，如果被害人或其他告訴權人表達追查犯罪時，檢察官就不可以起訴，法院也不可以審判，這就是所謂的「告訴乃論」之罪。

至於非告訴乃論之罪，則是指不管有沒有經過合法告訴，檢察官都有起訴的權力。另外，經過合法告訴的告訴乃論案件，只是讓檢察官發動偵查，並不是說被害人提起告訴，檢察官就一定要起訴被告。

　　由於個人電腦之侵害行為態樣不一且輕重有別，如受害人無告訴意願，或同意並配合偵查，實際上亦難達到偵查成效，而採「告訴乃論」，期有助於紛爭解決及疏解訟源，並可將國家有限的偵查及司法資源，集中於較嚴重之犯罪及偵防。

　　總之，電腦及社群網站已成為日常生活的重要交流工具，而民眾對其依賴亦與日俱增。當電腦或網頁中之重要資訊遭到取得、刪除或變更，可導致電腦使用人受損，而有保障之必要。

　　又，鑑於通訊軟體和社交平台之日益發達，民眾應有資安意識及作為。至少要記得定期更換密碼、不隨意點選來路不明的連結，也不在不安全的網路環境登入自身帳戶，以確保帳號及密碼的安全，並避免不肖人士有機可乘。

侵占詐騙虛擬寶物
有法律責任嗎？

隨著時代的進步，電腦已成為民眾日常生活的重要工具，無論是個資或其他重要資訊也常存在電腦或手機裡。也因此，民眾對於電腦的依賴，更是與日俱增。

尤其，隨著電腦與網際網路普及與迅速發展，網友不可知的身分和所在地域，也讓民眾在多元且虛實難辨的空間內，獨自面對日益滋長的網路犯罪行為。時不時就有損失慘重的訊息傳來，或個資遭盜用，實在讓人措手不及、不堪其擾、卻又求助無門！

不可諱言，電腦或手機中的重要資訊或電磁紀錄遭他人無故取得、刪除或變更，勢必導致資訊所有者或合法使用者的重大損害。對此，現行法雖已有一定的規範。但是民眾對於所擁有的虛擬寶物、遊戲帳號或其他資產被盜，究竟應如何因應或尋求救濟？

》虛擬世界寶物、裝備或帳號均具有現實世界的經濟價值，絕不可侵占或詐騙

　　如今沉浸在網路世界的網友們所消費的客體，已跨越有形的實體物。而《刑法》也早有「妨害電腦使用罪」之規範；法院判決也認定線上遊戲公司的虛擬遊戲點數或虛擬道具，雖非有形的財物，而僅供網路遊戲使用，仍具有財產上的價值和利益。

　　實務判決也認定「被告詐得告訴人移轉遊戲虛擬寶物7件，所詐得者為免除支付購買上開虛擬道具費用之利益」、「線上遊戲之帳號角色及寶物資料，均係以電磁紀錄之方式儲存於遊戲伺服器，遊戲帳號所有人對於角色及寶物之電磁紀錄擁有支配權，可任意處分或移轉角色及寶物。又上開角色及寶物雖為虛擬，然於現實世界中均有一定之財產價值，玩家可透過網路拍賣或交換，與現實世界之財物並無不同」，以及「縱然虛擬世界寶物該等電磁紀錄與現實世界實體物呈現方式不同，仍應具有現實世界之經濟價值，而為財產犯罪之客體」。

　　近年來，法院判決對於無故輸入他人帳號密碼、入侵他人電腦相關設備，或無故變更他人電腦相關設備之電磁紀錄等方式，將網友虛擬寶物、裝備等電磁紀錄隨意拋棄或出售的行為，認定已對該寶物或裝備的原有人構成損害；並認定構成《刑法》第358條之「無故輸入他人帳號密碼而入侵他人電腦

相關設備」罪，以及同法第359條之「無故取得他人電腦相關
設備之電磁紀錄」罪。

》 盜用虛擬寶物　罪責不輕

依據《刑法》第358條，「無故輸入他人帳號密碼、破解
使用電腦之保護措施或利用電腦系統之漏洞，而入侵他人之電
腦或其相關設備者，處三年以下有期徒刑、拘役或科或併科三
十萬元以下罰金。」

同法第359條則規定，「無故取得、刪除或變更他人電腦
或其相關設備之電磁紀錄，致生損害於公眾或他人者，處五年
以下有期徒刑、拘役或科或併科六十萬元以下罰金。」

至於所謂「他人之電腦及相關設備」，依據法院實務見
解，其判斷的標準在於行為人是否具有該電腦或相關設備「使
用權限」。舉例而言，對於須註冊會員帳號方得登入遊戲網
站，帳號使用權限之擁有者乃所對應之會員本人，故在該網站
允許會員操作之範圍內，視同會員電腦之延伸而屬於多該條文
所定之「電腦相關設備」。

所以，當行為人逕自破譯密碼，而以他人的IP連結網路
登入特定網站時，可能構成無故輸入帳號密碼而登入「電腦相
關設備」。行為人如於侵入後變更帳號原密碼，或移出虛擬寶

物等電磁紀錄時，除另有法律上正當理由，就構成《刑法》第358條、第359條規定之「無故」行為而可能觸法。

雖然實務上常見罪犯利用IP多次跳轉，或將帳號設置於境外而難以追查，以致難以證明而獲判無罪。但該違法行為一旦蒐證成功且在追訴期間內時，仍可追訴並受罰而不可輕忽！

》救濟管道

網際網路發展至今已成為資訊巨獸，不論是儲存、運算或傳輸的質量與速度，均遠遠難以想像，更可能超出人類所得駕馭。但網際網路仍因可提供人類生活及工作的便利，而持續加速發展中。

茲為避免不可控的損害或危難，網路與平台業者自當善盡設計及管理責任，並使用適當的防護與防駭措施，讓玩家或消費者的權益得以保障；行政機關與業者更應加強宣導相關法律責任，以避免民眾一時糊塗觸法而終身遺憾。

至於救濟管道，如碰到虛擬裝備、寶物、電磁紀錄、遊戲帳號或密碼被盜用時，可向下列機關通報：

一、行政院消費者保護委員會

依據行政院消費者保護委員會所制定「網路連線遊戲服務

定型化契約範本」內容顯示，當消費者之遊戲帳號密碼遭非法使用時，可向「消費者保護協會」申訴。

二、警方

當民眾發現有刑事不法行為時，得檢具相關事證及資料報案，不過由於網路報案與110報案同為報案管道而不宜重複報案。

此外，由於網路報案回覆時間以五個工作日為基準，如遇到緊急事件仍以110報案較妥。又依《刑事訴訟法》第242條第1項之規定：「告訴、告發，應以書狀或言詞向檢察官或司法警察官為之；其以言詞為之者，應制作筆錄。」因此，無論撥打110報案專線，或透過網路報案，均僅是「備案」的行為，其後仍須至警方製作書面筆錄。

有鑑於網路犯罪層出不窮，且類型五花八門，受損金額也越來越龐大。行政單位真的要趕快跟上時代，加緊腳步制定、執行並具體落實相關規範，以確保民眾網路世界的安全及權益。

網路下載影音作品
合法嗎？

　　網路世代崛起，論壇網站或入口網站都有相當多的影音資源，民眾也常透過電腦或手機軟體輕易搜尋，並下載或分享影音作品。只是，真的可以不用付費就自行從網路上自由下載或分享嗎？到底會不會挨告？

　　首先，必須了解受《著作權法》保障的「著作」有哪些？

　　依據《著作權法》第5條之規定，「著作」範圍很廣，舉

凡語文、音樂、戲劇、舞蹈、美術、攝影、圖形、視聽、錄音、建築、電腦程式等涵蓋文學、科學、藝術及學術創作都包含在內。但要成為《著作權法》保護的標的，則必須具備「原創性」。

所謂的「原創性」，依據法院判決要旨，就是指著作人原始獨立完成，用以表達其內心思想或感情的創作。當然，「原創性」除需具備「原始性」外，也要具備「創作性」。且所謂「原始性」就是指著作人原始獨立完成的創作，並非抄襲或剽竊。至於「創作性」則指依社會通念，其作品與前已存在之作品，具有可資區別之差異，而足以表現著作人之個性，倒不必達於前無古人的地步。

又因為《著作權法》第9條第1項規定：憲法、法律、命令、公文，中央或地方機關就前揭法令或公文作成之翻譯物或編輯物，標語及通用之符號、名詞、公式、數表、表格、簿冊或時曆、單純為傳達事實之新聞報導所作成之語文著作，以及依法令舉行之各類考試試題及其備用試題，均非著作權保護之標的。因此，只要具備「原創性」，又不落入《著作權法》規定之不受保護範圍內時，均可為著作權法保護之標的。

其次，著作權保護的「範圍」究竟如何？

以「影音作品」為例，其不限於「音樂著作」，也包括「視

聽著作」與「錄音著作」。就此，法院判決也明白定義，所謂「音樂著作」就是指透過「聲音」或「旋律」、訴諸聽覺的藝術。除「歌詞」外，還包括「樂曲」與「樂譜」。因此，舉凡原始創作的音樂旋律、歌詞及演唱組合等都涵蓋在內。

也因此，依據不同的授權方式，音樂著作的授權大致可分為音樂旋律、詞曲演奏、伴奏與演唱等。如以電腦伴唱機業者為例，為供消費者音樂伴唱，其取得的授權至少應包括音樂旋律及詞曲伴奏。

由於「視聽著作」，同時涉及「視覺」與「聽覺」，自然包括電影、錄影、碟影、電腦螢幕上所顯示的影像，以及其他藉由機械或設備所表現的影像，而與「音樂著作」不同。

至於「錄音著作」，依據法院判決就是指：「任何藉機械或設備表現系列聲音而能附著於任何『媒介物』上之著作……如僅是單純錄音，而未利用機器設備加以處理，則僅能稱之為『重製物』，而非錄音著作。」也就是把表演的「聲音」收錄下來後，再利用機器設備加以處理，並將處理後的聲音固著於「媒介物」上所形成的聲音創作。

可見，不論是「音樂著作」、「視聽著作」或「錄音著作」，均受《著作權法》之保護。但是，「影音作品」可否未經權利人授權，就自行下載或分享？

　　由於《著作權法》第22條第1項明定，除法律另有規定外，著作人專有「重製」其著作的權利，而依《著作權法》第3條第1項第5款之規定，「重製」就是指用印刷、複印、錄音、錄影、攝影、筆錄或其他方法，直接、間接、永久或暫時的重複製作。

　　因此，就算是劇本、音樂或對類似著作的演出，或是播送時予以錄音或錄影，也算「重製」。也因此，如要重製他人的著作，就必須得到權利人的同意或授權，否則就會構成侵害著作權，而可依《著作權法》第91條第1項及第2項規定，被課處三年以下有期徒刑、拘役，或科或併科新台幣75萬元以下罰金。

　　如果是意圖銷售或出租，而擅自以重製之方法侵害他人的著作財產權時，則加重處罰至六月以上五年以下有期徒刑，且得併科新台幣20萬元以上200萬元以下罰金。

　　可見，網路「下載」既係直接、間接、永久或暫時之重複製作，當然屬於「重製」的行為。行為人如未取得權利人授權或同意而擅自下載，在權利人提出告訴後，就可能受刑事追訴。

　　難道所有的重製行為均違法嗎？倒也未必。

就此，《著作權法》第91條第3項也規定：「著作僅供個人參考或合理使用者，不構成著作權侵害。」也就是說，如果行為人的重製符合法律上的「合理使用」，該重製行為就不構成侵權。

值得注意的是，「合理使用」的範圍及相關規範在《著作權法》第44條至第63條雖有明列，但法院實務上，多將下列事項納入考量：

1. 利用之目的及性質：例如供作「商業目的」或「非營利目的」使用。
2. 著作之性質。
3. 利用的質量及其在整個著作所占之比例。
4. 利用的結果對著作潛在市場與現在價值之影響。

以「音樂」或「錄音」著作的重製為例，最常被引用的「合理使用」就是《著作權法》第51條的「供個人或家庭為非營利之目的，在合理範圍內，利用圖書館及非供公眾使用之機器重製已公開發表之著作」。

就此，《著作權法》的主管機關「經濟部智慧財產局」也曾表示：如係在自己家裡的機器下載，且僅供個人或家庭使用的話，在少量下載且不至於對音樂產品市場銷售情形造成不良影響的情況下，可視為是「合理使用」。

　　至於「分享」，《著作權法》第26-1條第1項也明定：「著作人除本法另有規定外，專有『公開傳輸』其著作之權利。」而所謂「公開傳輸」依《著作權法》第3條第1項第10款規定，就是指以有線電、無線電之網路或其他通訊方法，藉「聲音」或「影像」向公眾提供或傳達著作內容而言。

　　此外，「公開傳輸」也包括公眾得於其各自選定之時間或地點，以上述方法接收著作內容者。是以，如果要公開傳輸他人的著作，就必須得到權利人的同意或授權。否則可能構成侵害著作權，而可依《著作權法》第92條之規定：「擅自以公開口述、公開播送、公開上映、公開演出、公開傳輸、公開展示、改作、編輯、出租之方法侵害他人之著作財產權者，處三年以下有期徒刑、拘役，或科或併科新台幣七十五萬元以下罰金。」受罰。

　　要特別注意的是，「公開傳輸」的合理使用認定較嚴。因此，除有《著作權法》第50條之「中央或地方機關或公法人之名義公開發表之著作，在合理範圍內，得重製、公開播送或公開傳輸」，以及同法第61條之「揭載於新聞紙、雜誌或網路上有關政治、經濟或社會上時事問題之論述，得由其他新聞紙、雜誌轉載或由廣播或電視公開播送，或於網路上公開傳輸」，且未註明不許轉載、公開播送或公開傳輸外，較難構成「合理使用」。

　　另外，實務見解也多認爲「公開傳輸」，係以具互動性的電腦或網際網路傳輸型態爲特色，而與公開口述、公開播送、公開演出等單向傳達著作內容之方式有別。至於條文中之「向公眾提供」要件，也不以行爲人有實際傳輸或接收爲必要，而只要處於可得傳輸或接收之狀態即可。

　　就此，法院判決就曾認定：被告以電腦網路連線至網際網路之某不明線上，分享非法下載重製音樂著作，嗣將其上傳至其所申請之中華電信網站附設「Xuite」日誌所申設之免費網路硬碟空間，以供不特定人點選下載音樂檔案並即時收聽，已觸犯《著作權法》第91條第1項及第92條之擅自「重製」及擅自「公開傳輸」罪。

　　法院也曾在另案認定：被告以連結方式使不特定人得以自行下載傳輸，而重製於其等電腦硬碟或記憶體中之行爲，已涉及多次擅自重製、公開傳輸。其爲供不特定人透過前開載點之連結，而下載音樂錄音檔案，也觸犯《著作權法》第91條第1項「重製」及第92條之「公開傳輸」罪責。

　　至於民事責任的部分，依照《著作權法》第88條規定，行爲人如因故意或過失，不法侵害他人之著作財產權時，應負損害賠償責任。

　　至於損害賠償範圍及方法，則依《民法》第216條之規定

辦理。如果被害人不能證明其損害時，可以其行使權利通常情形可以預期取得的利益，減除被侵害後實際取得的利益的差額作為「所受損害」；又或者請求侵害人因侵害行為而取得之利益作為「所受損害」。

另外，如果被害人無法證明實際損害，也可以請求法院依侵害情節，在新台幣1萬元以上100萬元以下酌定賠償額。對於故意且情節重大的侵害行為，賠償額更可增至新台幣500萬元。

簡言之，網路下載屬於「重製」行為，若未取得權利人同意或授權時，如僅供個人或家庭使用，又在少量下載且不至於對音樂產品市場銷售情形造成不良影響的情況下，尚可能主張「合理使用」。但若是將音樂燒製成光碟販售他人，則顯然踰越「合理使用」的範疇，而違反《著作權法》擅自以「重製」之方法侵害他人之著作的規定。

此外，如果將下載的音樂放在架設的網站，並收取費用提供他人下載，也構成侵害「公開傳輸」權，而可能遭處三年以下有期徒刑、拘役，或科或併科新台幣75萬元以下罰金。

隨著科技進步，各類著作的流通及取得更加容易，千萬別為了貪圖些許利益而侵害他人著作權。以免擔負民刑事責任。

　　何況，如今音樂串流平台已如雨後春筍般推出，費用也大幅降低。音樂愛好者宜透過合法管道取得並欣賞影音作品，不但用的安心，也讓自己免於牢獄之災，才是明智之舉！

網路平台
需要為違法內容負責嗎？

　　無論 Facebook 或 YouTube 等社群網站、影音分享平台，已在我們的生活中占有重大的分量，甚至成為民眾訊息的主要來源，而各式各樣的法律糾紛也因此層出不窮。

　　因此，當影音平台上有誹謗、侵害他人名譽等違法資訊時，對於有能力移除該等違法資訊者，課予移除該等不法資訊或使之無法接取之義務，也符合公平正義之要求。

以澳洲聯邦法院近來對於Google因未及時下架破壞名譽的不實影片，導致一名政治人物提前退出政壇，而判賠原告71萬5000澳元（約新台幣1540萬元）為例，該案係導因於YouTube用戶製作不實影片攻擊在地政治人物，使其形象受損並因而辭任公職。這名政治人物表示其曾通知YouTube下架，但影片卻沒有及時下架，才讓案子鬧上了法院。

依澳洲法院判決顯示：原告主張他的名譽因為這個不實影片嚴重受損而必須辭掉公職；Google則認為該影片並非對於「事實」的陳述，而是「意見表達」，不應構成誹謗罪，所以不需要負責。由於，在民主國家「言論自由」向來是至高無上的原則。所以Google的主張並非沒有道理，祗是因為製作該影片的YouTube使用者已和原告達成和解，所以Google也祗好拋棄該項主張。

再加上澳洲法院認為根據YouTube社群政策，YouTube平台上嚴禁騷擾、網路霸凌、仇恨性言論；而YouTube亦可將涉及騷擾、攻擊與霸凌之影片從YouTube平台移除。所以法院認為，Google既經通報該影片涉及誹謗，如無法信賴誹謗內容的真實性就應下架，卻選擇違反其政策繼續公開，造成原告John Barilaro辭職。該法院在衡量相關證據，侵害行為之嚴重性、原告精神及名譽損害、平反原告名譽之需求，才判決Google賠償原告共71萬5000澳元。

　　如果類似案件發生在台灣，法院也有判賠的法律依據。因爲《民法》第18條就規定，人格權受侵害時，得請求法院除去其侵害，有受侵害之虞時，也可請求防止之。而《民法》第195條第1項也規定，不法侵害他人之名譽或人格法益而情節重大者，被害人雖非財產上之損害，亦得請求賠償相當之金額。

　　當然很多人可能懷疑Google爲什麼會有法定義務？或質疑對於事實的判斷，不難道是該由司法機構判定嗎？

　　實則，關於網路平台業者之侵權責任，法院判決就曾認定，行爲人因「不作爲」而成立侵權行爲，須以該行爲人依法令、契約或公序良俗負有積極作爲之義務爲前提。但也認定「網路平台服務提供者被告知其提供之網路平台上有誹謗、侵害他人名譽等違法資訊，且其有能力移除該等資訊時，課予該提供者移除該資訊或使之無法接取之義務，符合公平正義之要求」，以及「網路平台服務提供者非執司審判機關，對用戶之行爲是否構成侵害他人權利極可能出現判斷錯誤情形，爲兼顧用戶之表現自由及被害人之權利保護，應限於網路平台服務提供者『明知』或有『相當理由足認』網路平台內確實存在侵權行爲，始有採取防止措施之作爲義務」。

　　據此，如果平台業者知道或有相當理由得知侵權行爲存

在，就有移除或採取其他防止措施的義務，而不能雙手一攤，什麼事都不做。

提醒民眾，「言論自由」是民主制度的基石，絕對不容侵犯。但是使用平台時，也千萬要確認自己的言行或影片有所本，以避免不必要的爭議。

請大家好好保護自己，也保護他人！

CHAPTER 3

律 師 談 生 活

偷看另一半的手機或電腦資訊違法嗎？

　　現今科技發達，手機或電腦電子傳訊早已取代書信，甚至點餐、採購、訂閱雜誌書籍，或參加各類型社群網站等日常生活大小事，也常透過手機等電子設備解決。因此，手機或電腦中常充斥著各式各樣的隱私及個資。

　　雖然在親密關係中，常有人拿「坦誠」就是愛的體現，逼迫他方分享訊息，或甚至不惜偷看手機或電腦設備。只是，不

論雙方親密與否，法律上總是各自獨立、各自保有隱私的個體。除非是行使法律上所賦予之權利，且未踰越合理的範圍，如未經對方同意或授權，就可能違法而需擔負相關民刑事責任。

以夫妻關係為例，法院判決就曾認定夫妻在密切的生活中，對放置家中的行動電話，在一方不方便時，代為接聽或代為查看來電或訊息後，再轉知他方並不少見。法院也認為夫妻共同生活中，就放置家中、房內之行動電話，其對於內含或下載之通訊紀錄或內容之隱私期待，也與一般人的隱私權，自不可同日而語。因此認定：「在通姦或破壞婚姻事件中，被害人家庭圓滿『期待權』、配偶身分法益及為實現其權利保護之『證明權』，與被指通姦或相姦者之『隱私權』、『通訊自由』及『肖像權』等權利間恆有衝突。實體法上既承認夫妻於婚姻關係存續中有家庭圓滿期待權、配偶身分法益，然衡諸社會現實情況，妨害他人婚姻權益之不法行為，常以隱秘方式行之，並因隱私權、住居權受保護之故，被害人舉證極其不易。基此前提，不法行為人之隱私權與被害人之訴訟權發生衝突時，兩者間應為一定程度之調整，並應容許一定程度之『不貞蒐證權』。」

另外，法院判決也認為「夫妻雙方應互負忠誠之義務，為法律所保護之法益，夫妻是否違反該義務，涉及夫妻各自生活

上之隱私，此項隱私權在夫妻應互負忠誠義務下，應有所退讓」；以及「夫妻生活範圍高度重疊，二人互相使用手機，或是其中一方代接、代為查看另一方手機，均屬共同生活之一部；在此情形下，夫妻間關於手機等資料之隱密性，顯然低於一般人之期待」。

簡言之，法院認為，配偶接觸手機，進而翻拍手機儲存之 Line、簡訊或通聯紀錄，對於配偶隱私或秘密通訊所造成侵害程度，遠低於配偶法益之重要性。因此，法院認為：配偶為調查另一半而侵害對方隱私權時，只要在合理範圍內，得以「不貞蒐證權」阻卻違法，而可將其以侵害隱私權之方式而取得曖昧簡訊仍可能供作證據。

但是，民事上雖可使用作為證據、刑事上就未必如此。因為，偷看另一半手機或電腦之訊息，或以電子設備翻拍該訊息內容，仍可能觸犯《刑法》之規定，而需擔負相關罪責：

一、妨害秘密罪

當行為人「無故」以照相、錄影、錄音等方式，竊錄他人「非公開」之活動、言論或談話等。且主觀上行為人亦有故意時，就有可能構成《刑法》第315-1條「妨害秘密罪」。

但究竟何謂「無故」？何謂「非公開」？

　　依據法院判決意旨，所謂的「非公開」就是指手機或電腦所有者主觀上不希望私密進行之活動或談話被公開，且已於客觀上採取適當之方式，來確保該活動或談話不致隨意讓第三人知悉。例如：關門講電話、將手機或電腦設有密碼等均屬之。

　　至於「無故」，則指欠缺法律上之正當理由者。至於如何判斷理由是否正當，依據法院判決要旨，需參照一般人生活經驗法則，以客觀事實加以判斷，且需衡量手段與目的間之適當性、必要性和比例原則。

　　簡言之，當侵害隱私之行為發生時，需衡量侵害隱私之目的為何？以此侵害手段是否得以達成目的？若有許多方式均得以達成目的，行為人是否已使用侵害最小之方式？以及行為人使用此種方式所造成之損害，是否與達成目的之利益不成比例？

　　麻煩的是，對於配偶間為調查另一半而侵害其隱私權是否屬於「無故」，目前實務尚乏統一見解。有認為配偶出軌對另一半而言屬於極為難以忍受之事，故配偶為調查另一半出軌之事實，而偷看或竊錄對方之談話內容者，係屬有「正當理由」而非無故，故不構成《刑法》之「妨害秘密罪」。

　　例如台灣高等法院100年上易字第815號刑事判決就認為，「任何違反婚姻純潔義務之行為，依一般經驗法則，其行

為均採取秘密之方式為之，其證據之取得，極為困難，是苟夫妻一方之行為，在客觀上，已經足以導致他方對婚姻之純潔產生合理之懷疑時，不論他方係本於『去除婚姻純潔之疑慮』或『證實他方有違反婚姻純潔義務事實』之動機，而對對方私人領域有所侵犯時（例如以竊聽或竊錄其私人秘密通訊），應認為係他方為維護婚姻純潔所作出之必要努力，而非屬《刑法》第315條之1之『無故』妨害他人秘密之行為。」

又例如，台灣高等法院高雄分院101年上訴字第863號刑事判決也認為「夫妻一方之行為，在客觀上，已經足以導致他方對婚姻之純潔產生合理之懷疑時，不論他方係本於『去除婚姻純潔之疑慮』或『證實他方有違反婚姻純潔義務事實』之動機，而對對方私人領域有所侵犯（例如以竊聽或竊錄其私人秘密通訊），應認為係他方為維護婚姻純潔所作出之必要努力。

何況，夫妻在婚姻關係存續中，雖仍應各自保有一定程度之私人隱私空間，但為達成婚姻之目的，其私人領域自應對他方作某種程度之退讓，以符合婚姻應有之內涵，尤其夫妻之一方在婚姻純潔義務之保持上，已經引起他方合理懷疑之情形下，權衡違反婚姻純潔義務之行為，足以徹底破壞夫妻雙方對彼此之信賴，而使婚姻之基礎發生動搖，相對於有婚姻純潔疑慮之一方與他人間秘密通訊自由，更應受到保護。

是以，若夫妻一方之行爲，在客觀上已經足以導致他方對婚姻之純潔產生合理之懷疑時，他方本於『去除婚姻純潔之疑慮』或『證實他方有違反婚姻純潔義務事實』之動機，爲取得證據或保全訴訟上之證據，雖在車上安裝具GPS衛星定位追蹤及GSM行動電話監聽功能之追縱器，以追蹤及監聽他方之行蹤及通話，考量其手段之必要性及急迫性，尚難謂無正當理由，而與《刑法》第315條之1所規定之『無故』不同」等語。

但是法院判決卻認爲：「配偶間固然須互負忠貞，以保障婚姻純潔之道德上或法律上之義務，然而，配偶並無義務被迫接受另一半全天候的監控，因此，不得以懷疑或有調查配偶出軌爲理由，即認爲有恣意窺探另一半隱私之權利，而認定構成《刑法》妨害秘密罪。」

就此，迄今實務上仍無一致的見解，茲爲避免觸法，即便是夫妻間，最好還是避免偷看另一半的訊息。

二、妨害電腦使用罪

除了《刑法》第315-1條「妨害秘密罪」外，《刑法》第358條也訂有「妨害電腦使用罪」。尤其在手機或電腦所有人已採取適當的保護措施，他人若需要查看該手機或電腦裡的訊息，需將設置之保護措施解除時，就可能觸法。

這種未經事先同意或授權，隨意破解設置之保護措施而取得手機或電腦中之紀錄內容的行為，在目前實務上均認涉犯《刑法》第358條以下之妨害電腦使用罪。

總之，在個人主義思潮下，即使配偶間於道德上與法律上互負忠貞義務，並不表示可以無視另一半的隱私或秘密通訊的自由，或以保護配偶權作為理由，去監控另一半之私領域。

否則，若允許配偶僅憑一己之臆測，就能夠隨意破解另一半之密碼，檢視另一半之社交生活，不僅壓縮了個人不受侵擾之生活空間，亦容易造成配偶間之對立與不信任，此一結果絕非訂定《刑法》妨害秘密或妨害電腦使用罪之本意。

雖然目前實務就配偶間能否因懷疑對方而侵害對方之「隱私權」，尚存有不同之見解，但配偶既係獨立之個體，各享有法律上所賦予的權利義務，就不應因結婚或親密連結關係，而喪失原有之權利義務。

因此，配偶不應恣意查看另一半的訊息。若配偶間真的存有懷疑，仍應透過正當方法，例如相互溝通、事先徵詢同意等相互尊重的方式，處理另一半的訊息，以避免觸法。

個資外洩或被賣掉
該怎麼辦？

　　在劍橋分析數據醜聞揭露前，一般人很難察覺竟有「這是你的數字人生」（This Is Your Digital Life）等應用軟體在收集網路使用者的資料。同樣的，在韓國N號房事件被偵破公開前，民眾似乎也不相信點開陌生網站，就會被植入木馬程式而被窺視手機內的資訊與照片。但在接二連三事故發生後，大家才驚覺原來許多網路平台及應用軟體竟悄悄地蒐集大家的個人資訊！

如今，即使已點選手機應用程式的「不要追蹤」（Ask App not to track）功能，仍無法避免個資外洩的風險。尤其，電子商務平台提供民眾使用時，常要求民眾先加入會員；雖然可以免費成為會員，但入會時卻須提供詳盡的個人資料。再加上近年來，不論政府機關、銀行業者、物流業者，甚至科技業者之系統被駭客侵入或勒索之情事，更是屢見不鮮！

有鑑於網路發達及社群平台的快速崛起，加上電腦與網路運用日益普及，電腦與網路又可以大量且快速的處理與傳輸人們的日常交易、分享與交流，而對大眾生活帶來重大的貢獻；再加上網路上五花十色的影音、相片，以及光彩炫麗的廣告與設計圖檔，個資及資安問題早被民眾遠遠的拋在腦後。

但究竟「個資」是什麼？有什麼重要性？個資所有人又有什麼權利？萬一個資外洩、被賣掉或濫用、又該如何處理？

其實，「個資」的範圍非常廣泛，舉凡一切得以直接或間接識別該個人之資料均屬之。例如：姓名、出生年月日、國民身分證統一編號、護照號碼、特徵、指紋、婚姻、家庭、教育、職業、病歷、醫療、基因、性生活、健康檢查、犯罪前科、聯絡方式、財務情況、社會活動等等均屬之。

所以，即便是個人愛好、定位或參與特定活動也都是個資，也受《個人資料保護法》（下稱《個資法》）的保障。也

因此，不論公務機關或非公務機關對於個資之蒐集、處理與利用，都必須遵守《個資法》的規定。

簡單的說，關於「個資」的蒐集、處理和利用，都必須符合個資法的要求。例如，應先取得當事人之同意，並應明確告知當事人蒐集與處理之目的、類別及利用之方式等，才可以進行；而使用個資時，也限於蒐集的「特定目的」且在「必要範圍」內。以電商平台為例，其蒐集之特定目的就該限於平台交易及聯絡使用的必要範圍。

所以，當平台業者把個資使用在其他目的，或因故意或過失而外洩個資時，自應擔負民刑事責任。尤其有關病歷、醫療、基因、性生活、健康檢查及犯罪前科等「敏感個資」，除非法律另有明文規定外，更是不得蒐集、處理或利用。

此外，《個資法》第18條及第27條還規定保有個資者，應指定專人辦理安全維護事項，以防止個資被竊取、竄改、毀損、滅失或洩漏。但即便如此，個資被竊或外洩等事故依舊頻傳，受害民眾究竟該如何救濟？或請求賠償呢？

其實，對於違反《個資法》之情事，主管機關得限期改正，如屆期未改正者，得按次對該違反的機關課處罰鍰。即使各該機關並非故意將個資外洩，而係遭駭客入侵或程式漏洞所致，但仍擔負保護之責。所以，當個資遭不法蒐集、處理、利

用時，除非持有該個資的企業、商家或電商平台能證明其無故意或過失，都應負責。

就此，法院判決要旨也明載「基於人性尊嚴與個人主體性之維護及人格發展之完整，並爲保障個人生活私密領域免於他人侵擾及個人資料之自主控制，『隱私權』乃爲不可或缺之基本權利，而受《憲法》第22條所保障」，以及「『隱私』係指個人對其私領域之自主權利，其保護範圍包括個人私生活不受干擾及個人資訊之自我控制」，而得向侵害個資者主張損害賠償。

至於「舉證責任」方面，雖然《民事訴訟法》第277條規定由請求方負舉證責任，但法院判決也確認「因應傳統型及現代型之訴訟型態，如嚴守該條之原則，難免產生不公平的結果，而使被害人無從獲得應有之救濟，有違正義原則」。因此，法院對於個資侵害事件的舉證責任，也會引用該條但書規定。也就是視各該具體事件，斟酌當事人間能力、證據偏在一方、蒐證之困難、因果關係證明之困難度，來判斷是否有「顯失公平」的情況，以定其舉證責任或減輕其證明責任。

另者，過失間之「相當因果關係」的舉證責任，例如：未依法訂立個人資料檔案安全維護計畫及安全稽核機制，致駭客入侵竊取個資；或因其成員外洩等。法院多認定宥於網際網路

科技浩瀚，參雜人為因素之變異等，而有高度舉證困難時，如令被害人擔負舉證責任顯然不公。尤其，當交易的對象是企業經營者時，其所取得之個資既由其支配掌握，其對於個資被竊或外洩風險的控制及分擔能力均優於被害人。

又以「航空業者對旅客個資之維護義務」為例，法院也曾認定為防免旅客個資外洩致影響飛航安全等重大風險，並參酌舉證能力及航空業者違反義務之情節及風險分配之合理性，而比照我國實務有關公害訴訟降低被害人因果關係舉證責任之見解，推定有「因果關係」存在。航空業者倘認無一般或個別因果關係存在，自應提出確切之反證證明。

簡言之，基於保障消費者立場，有關個資是否外洩、機關有無採行適當之安全保護措施等證據，消費者難以舉證之事實，在斟酌當事人間能力之不對等、蒐證之困難、因果關係證明困難等因素，也多認應由業者負舉證責任。

另外，除了民事賠償責任外，若業者為自身或他人之利益，將個資售予第三人時，依據《個資法》第41條規定，還有刑事責任而可被課處五年以下有期徒刑，及併科新台幣100萬元以下之罰金。

以「社區住戶資料外洩」為例，法院就認定該住戶資料屬於個人隱私權保護之範疇，非於法律所定之「特定目的」必要

範圍內，不得蒐集或利用。被告非法蒐集他人個人資料，以隨身碟集合出售利用，或以架設具查詢個資功能之網站系統，將其非法蒐集的住戶個人資料放置網頁，以收取會費方式，向不特定多數人兜售牟利，嚴重侵害被害人之人格、隱私權與資訊自主權。

另外，對於保全人員為自己的不法利益，利用職務之便，蒐集社區住戶之個人資料名冊，未經住戶同意或授權，將住戶名冊販售房屋仲介業務人員，也構成侵害個資，而可依《個資法》第41條論處。

由於個資外洩除影響到當事人的「隱私權」與「人格權」外，若落入詐騙集團手中，更將導致無辜民眾受害，包括：受騙或身分遭盜用等嚴重後果，而有嚴格規範及處罰的必要。

無論如何，民眾都應了解個資的法令規定，尤其是自身個資的保存及對他人個資之蒐集、處理與利用的限制，以維護己身的權利，並避免觸法及擔負不必要的法律責任。

老大哥夢魘！
手機定位資訊當然受個資保護！

　　值此網路科技進步的時代，也讓個人隱私、個資，甚至所在位置等資訊，透過手機全都露；民眾更擔憂參與政治或選舉活動造勢，會不會遭到「老大哥」監控？

　　事實上，民眾擔憂並非空穴來風，也不是「1984狂想曲」。如今手機IP與定位鎖定技術成熟。甚至法務部在立法院備詢時也只是說「不會針對造勢活動鎖定參與民眾的手機IP

與定位，來監測該等民眾」，並表示「手機監控只是針對涉及犯罪嫌疑人，且在辦案有必需時才會鎖定定位」。這種說法似是而非，但已碰觸「個人隱私」與「言論自由」的界線，也難怪民眾會直覺反彈！

何況，「法務部」作為「個資」的執行機關，迄今仍未明確表態「定位」資料屬於個人隱私之保護範圍，以及如何明確保障個資當事人隱私及限制這些科技隱患，而引發民眾不安！

為什麼民眾這麼在意手機被定位？《個資法》第2條第1款不是明載「個人資料」係指：「自然人之姓名……社會活動及其他得以直接或間接方式識別該個人之資料。」也就是只要足以直接或間接識別特定人者，就屬於個人資料，也就是個人資料保護法之保護客體。

何況，GPS定位技術不斷演進，透過蒐集、保存、分析個人GPS定位資料之大數據資料，就可詳盡的全面掌握個人的地理位置，並直接或間接識別該人之活動屬性、嗜好及信仰等隱私，而可能對言論自由、行動自由造成一定程度的妨礙。因此，為貫徹隱私權保障之立法目的，國際間關於行動電話或智慧型手機之個人GPS的定位資料，早已納入個資法之範疇。

例如：歐盟在其《GENERAL DATA PROTECTION REGULATION》（簡稱GDPR）第4條第1款就明文揭示，個

人資料也包括個人所在資訊（location data）。日本，也在《電信事業個人資料保護指針》（《電気通信事業における個人情報保護に関するガイドライン》）第35條規定，必須在取得法院令狀後，才可獲取行動設備使用個人位置資訊；而《美國加州消費者隱私法》（The California Consumer Privacy Act of 2018）的個人資料（Personal information）也涵蓋「地理位置」資料（Personal information includes, but is not limited to, the following: … (G)Geolocation data.）。

有鑑於「隱私權」是《憲法》保障的基本人權，個資的搜集、處理或使用均有法律的明文限制，而必須非常慎重。尤其公務機關對個人資料的蒐集、處理及利用，除需有「特定目的」外，也限於「執行法定職務必要範圍內」、「經個資當事人同意」、或是「對個資當事人權益無侵害」爲限。

特別是有關病歷、醫療、基因、性生活、健檢及犯罪前科等「敏感個資」更限於：「法律明文規定」、「公務機關執行法定職務必要範圍內，且事前或事後有適當安全維護措施」、「當事人自行公開或其他已合法公開之個人資料」、「基於醫療、衛生或犯罪預防之目的，爲統計或學術研究而有必要，且資料經過提供者處理後或經蒐集者依其揭露方式無從識別當事人」、「爲協助公務機關執行法定職務必要範圍內，且事前或事後有適當安全維護措施」、「經當事人書面同意者」爲限。

　　智慧型手機既已有地理定位功能，Facebook打卡、Google地圖，甚至許多手機APP，都可能觸及個人隱私與敏感資料，也難怪民眾對政府透過定位監控深感疑慮！

　　無論如何，民眾擔憂自己參與政治活動遭監控絕不是一件小事，而是損及民主社會與言論自由的大事。主管機關應立即提出明確的規範與保障措施，而別讓民眾自覺活在1984氛圍中！

帳號或電話被盜用
會變成詐欺嫌疑犯或有刑責嗎？

　　近來網路犯罪頻頻，盜用帳戶事件層出不窮，甚至還有在網路上購買貼圖，帳號就遭盜用，還因而成為詐欺的被告。

　　類似案件在經濟不景氣、物價飆升、治安敗壞的今日也有逐漸增加趨勢。民眾最好應先了解相關法律責任，以預先避免、提防並及時採取因應措施。

首先，詐欺行為涉及刑事處罰與民事賠償責任。

就刑事責任而言，所謂「詐欺」係指行為人為自己或第三人不法之所有，施以詐術使他人陷於錯誤而交付財產。目前，詐欺罪又可分為「普通詐欺罪」及「加重詐欺罪」，並分別規定於《刑法》第339條及第339之4條。但「加重詐欺罪」主要著重在以公務員等特定名義、三人以上共同犯罪，或使用廣播電視、電子通訊、網際網路或其他媒體等傳播工具詐欺。

至於民事賠償方面，則依《民法》184條「故意或過失不法侵害他人權利者，負損害賠償責任」之規定辦理。值得注意的是，刑事責任的成立雖以「故意」為要件，但民事責任則涵蓋「故意」與「過失」。易言之，對於過失造成的侵權行為，也有賠償的責任。

此外，由於《刑法》第30條規定，「幫助他人實行犯罪行為者，為『幫助犯』。雖他人不知幫助之情，亦同。」是以，實務上被盜用帳號者也常被檢方以「幫助犯」起訴。

那麼，難道只要自己的帳號被詐騙集團使用就構成詐欺幫助犯嗎？其實不然。

幫助犯之構成須符合下列要件：

1. 有幫助行為存在。
2. 被幫助者有故意不法的行為。
3. 幫助行為對正犯的犯罪行為有直接影響。
4. 幫助者有幫助故意。

　　因此，當被盜之帳戶供作犯罪使用時，或許符合前三項要件，但除非帳號被盜者承認有幫助的「故意」外，檢方仍須證明帳號被盜者有「幫助故意」。

　　至於所謂「幫助故意」，依據法院實務見解就是指「幫助他人犯罪之人，如以犯罪之意思助成其犯罪實現，或予以物質上的助力，或予以精神上之助力者皆是」以及「幫助行為之性質，為『援助』或『便利』他人犯罪，俾易完成」。法院也認定：「幫助犯除須認識正犯已具實施犯罪之故意外，且須認識自己之行為係在幫助正犯犯罪，更須認識正犯之犯罪行為，因自己之幫助可以助成其結果而決定幫助之故意」，以及「幫助犯以加功於他人之犯罪，以利其實行為特質，其有別於教唆犯者，乃幫助犯並非為他人『創造犯意』，而係於他人已決意犯罪之後，予以助力，至其幫助行為係事前幫助或事中幫助則非所問」。

　　足見，實務見解係以幫助行為必須有幫助他人犯罪之意圖，否則，當幫助者並無幫助他人犯罪的故意，而係基於其他

原因，雖助成他人犯罪之結果，仍難成立「幫助犯」。也就是，幫助者除認識罪犯具有實施犯罪之故意外，還須認識自己之行為係在幫助罪犯犯罪，更須認識罪犯之犯罪行為，可因自己之幫助達成，才足以構成。

此外，法院判決也確定「幫助故意」不以「直接故意」為限，還包括「間接故意」，以及「幫助犯之犯罪故意，通常包括『確定故意』及『不確定故意』在內」。至於所謂「直接故意」，就是指犯罪人有幫助的意圖或明知其行為有助於犯罪行為的達成；而「間接故意」則指對於犯罪事實與結果的發生，抱持著就算發生也無所謂的心態。

舉例而言，如果帳號所有人明知該帳號會被拿去騙錢，就是「直接故意」；如果知道該帳號可能被拿去騙錢，卻抱持著就算發生也無所謂的態度，則屬於「間接故意」。由於目前實務見解多認定幫助故意並不以「直接故意」為限，也涵蓋「間接故意」在內，民眾帳號被盜用時，千萬不要置之不理！

又為避免不必要之紛爭，或背負不必要之法律責任，民眾發現帳號被盜用時，應盡速報警並保留有利於己之證據，以供日後證明絕無詐欺或幫助他人犯罪之情。

萬一找不到有利於己的證據時，也要記得依《刑事訴訟法》第154第2項及第301條第1項主張檢方需先舉證證明；並

主張「犯罪事實應依證據認定之，無證據不得認定其犯罪事實，又不能證明被告犯罪者，應諭知無罪之判決」來保護自己。

至於所謂「認定犯罪事實的證據」就是指足以認定被告確有犯罪行為之積極證據，而該項證據也應合於被告犯罪事實的認定，才可採為判斷是否有罪的依據。反之，若要認定不利於被告之事實，也須有積極證據；若積極證據不足為不利於被告事實之認定時，就應為有利於被告的認定。也就是訴訟上不該因為被告無法證明自己無罪，就判決有罪。

目前因帳號被盜用，而被檢方列為被告之案件不在少數。然若單純因帳號被盜用，而無詐欺或幫助詐欺之意圖時，實務上，亦有因檢方未提出積極證據證明被告的犯意而為無罪判決的案件。

例如：台灣高雄地方法院97年易字第1028號刑事判決即以：「竊取網路帳號密碼之情甚多，即無法排除被告前揭雅虎拍賣帳號係遭盜用之可能。此外，公訴人復未提出其他積極證據，足資證明被告確有前開犯行，基於罪宜唯輕原則，難謂被告有何幫助詐欺取財犯行。揆諸首揭說明，係屬不能證明被告犯罪，自應為無罪之諭知。」

無論如何，民眾仍應定期管理帳號並做好資安管控，也不

要輕易將帳號密碼透露予他人，以免帳號被盜用而淪爲詐騙集團的幫兇。萬一遇到，在應訊前也應預作準備並諮詢專業人士，並備妥證據釐清案情，好讓案件早日水落石出！

房東可以不通知房客就直闖房客住處嗎？我是房東我最大？

　　當房東未經房客同意擅自進入房客住處時，房客之隱私可能遭房東無故侵入之行為受害，而可請求損害賠償。其所涉及法規或侵害之法益也至少包括《刑法》第 306 條的「無故侵入住宅罪」，以及《民法》第 195 條的「侵害他人隱私權」。

　　不可諱言，對於在外縣市求學或求職者來說，租賃房屋一直是件麻煩事。如何找到適合自己、價格合理並有友善房東與

鄰居的租屋處，真的不簡單。

尤其，房客遭房東無故騷擾或未經房客同意即隨意進入房客住處的新聞也時有所聞。其常見的理由，也不外乎是檢查電器設備、裝修線路、查水電錶或帶客看房等等。

只是，就房東而言，自己為不動產之所有權人，且對於自己所有之房屋負有監督管理或修繕責任，也因此常見房東沒打招呼就隨意進入房客住處的情形發生。但是，房東在未經房客同意情況下，可以擅自進入業已出租之處所嗎？

依《民法》第421條及第423條規定，當租賃關係成立後，承租人即取得租賃物的「使用與收益」權利。因此，「所有權」與「使用權」並非不可分。而當房東將租賃物出租後，房東雖保有「所有權」，但租賃物的「使用權」在租賃期間已是屬於房客。

也因此，法院就曾判決房東不得未經房客之同意，任意進入房客之住處，而此類案件涉及之法規或侵害之法益就包括《刑法》第306條之「無故侵入住宅罪」，以及《民法》第195條之「侵害他人隱私權」。

其中，對於「住宅」或「建築物類型」的租賃物並無疑問。因為，「住宅」的定義就是「供人日常生活所使用之『房

宅』，並不探究其係長期或短期之使用」，而「建築物」則指「得以遮風避雨、供人居住或其他用途，而定著於土地之工作物」。

因此，即便是一時使用的旅館、飯店或客房，亦屬於「住宅」，而工廠、倉庫、醫院、百貨公司等，也屬於「建築物」。是以，除租賃合約明文規定房東得自由進出者外，未經房客同意擅自進入租賃物時，就可能涉及「侵入住宅或建築物罪」。

參酌《刑法》第306條的立法意旨在於保障個人之「住屋權」，也就是保障個人居住的場所不受他人侵入或留滯其內的權利。因此，法院判斷是否構成該罪的關鍵，在於是否「無故」侵入他人住宅、建築物，或隱匿其內或受退去要求後仍滯留而定。

其次，所謂「無故」就是指無權或無正當理由，至於判斷的依據則是以客觀標準來認定。也就是該侵入是否為法律、習慣或道德上所允許？是否背於公序良俗？行為人進入該住宅或建築物之目的？所採取之手段是否屬急迫且必要？所欲保障的權利相較於他人對於住宅或建築物的使用收益、法益所受之損害之綜合考量結果等等。

除了《刑法》之外，《民法》也有相關規範。

舉例而言，如係為當時不法的侵害，而防衛自己或他人之權利而為，為避免自己或他人生命、身體、自由或財產上急迫之危險而為，因來不及等待法院或其他有關機關的援助，而必須即時保護自己的權利，不得不對他人之自由或財產施以拘束者等法律明文規定的例外情形外，房東如擅自進入房客住處等，房客得依《民法》第195條第1項「侵害隱私權」，向房東主張損害賠償；即使是「非財產上之損害」亦可求償。只是，「非財產損害」的金額，仍視當事人間之身分、地位及經濟狀況而定。

總之，任何人均有在私有空間不受他人不法干擾之自由，即使其在事發時是否僅有權使用該空間亦同。因此，當房東未經房客同意擅自進入房客住處時，房客之隱私就可能遭房東無故侵入的行為侵害，而可請求「財產上」及「非財產上」的損失。

從上面的法規及法院判決可知，簽訂租賃契約時最好明確規範雙方的權利義務，包括對「公共空間」的定義，以及私有空間不受干擾的權利等。也可考慮在租賃期間更換門鎖，但千萬記得保留原鎖，以便租賃期間屆滿後，恢復原狀返還房東。當然也可以在自己的私密空間裡加裝監視器，以掌握事證。更可以在發現有不法侵入，及時報請調解委員會或警方介入處理，以避免不必要之損害。

說好的瘦身成效呢？
廣告不實能不能告？

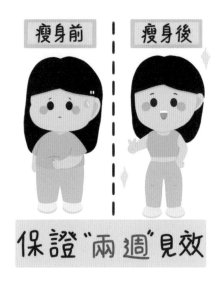

　　商家的廣告內容應該正確，而不應該誇大或不實。否則，消費者就可以依《消費者保護法》第51條規定請求賠償，還可以視商家的故意或過失程度，請求懲罰性賠償金。提醒大家消費者保護的法令不少，可別讓自己的權益睡著了！

　　眾所周知，「廣告」的作用在於吸引一般大眾對其商品或服務的注意及興趣，進而促成交易。我們的生活中也充斥著各

式各樣、五花八門的廣告。許多業者為了吸引消費者的眼球，還經常誇大其商品或服務的效果，有時還有虛偽或引人錯誤的內容，導致一般民眾因而誤解或認知錯誤。

其中，減肥廣告可說是最常見，也最讓人感到困擾。不論是網路上或是馬路上均可見巨幅廣告，刊載使用商品或服務後，就可以在短期內看到瘦身成效，以致於民眾趨之若鶩迅即向業者下訂。

只是消費者使用後，卻沒有看到廣告的瘦身成效，因而產生爭論或憤而投訴。可預見的是，業者會以各種理由搪塞推託不肯負責。因此，民眾不免要問，究竟消費者依法可以主張什麼？商家及廣告業者又該擔負什麼責任？

首先，商家對其刊登之廣告有確保真實，且其商品或服務不得低於廣告內容的義務。因為《消費者保護法》（下稱《消保法》）第22條規定「企業經營者應確保廣告內容之『真實』，其對消費者所負之義務不得低於廣告之內容」，以及「企業經營者之商品或服務廣告內容，於契約成立後，應確實履行」。

另外《消保法》第23條第1項也規定：「刊登或報導廣告之媒體經營者明知或可得而知廣告內容與事實不符者，就消費者因信賴該廣告所受之損害與企業經營者負『連帶責任』。」

　　就此，法院判決也認為，前開規定係為保護消費者而課企業經營者以特別之義務，不因廣告內容是否列入契約而異，否則，即無從確保廣告內容之真實。

　　所以，商家如有廣告不實的行為，消費者除可依契約規定主張權利外，也可依《消保法》第51條「依本法所提之訴訟，因企業經營者之『故意』所致之損害，消費者得請求損害額五倍以下之懲罰性賠償金；但因『重大過失』所致之損害，得請求三倍以下之懲罰性賠償金，因『過失』所致之損害，得請求損害額一倍以下之懲罰性賠償金」之規定，請求懲罰性賠償金。

　　至於「明知」或「可得而知」廣告不實的廣告業者，或刊登該廣告的媒體，消費者也可以依《消保法》第23條的規定，要求其等與不實廣告業者擔負連帶賠償責任。

　　此外，《公平交易法》（下稱《公平法》）對於廣告不實亦有規範，其第21條第1項也規定：「事業不得在商品或廣告上，或以其他使公眾得知之方法，對於與商品相關而足以影響交易決定之事項，為虛偽不實或引人錯誤之表示或表徵。」也就是說，當業者在商品或廣告上有虛偽不實或引人錯誤的表示，致影響民眾的交易決定時，也有責任。

　　至於廣告是否「虛偽不實」或「引人錯誤」的判斷標準，

則依公平交易委員會所訂定之《公平交易委員會對於公平交易法第二十一條案件之處理原則》第7點而定，考量因素約略如下：

1. 以相關交易相對人普通注意力的認知為判斷標準。

2. 得就特別顯著的主要部分，單獨加以觀察而判定。

3. 合併觀察之整體印象及效果。

4. 重要交易資訊內容在版面排版、位置及字體大小上，顯不成比例者。

5. 負擔或限制條件並未充分揭示。

6. 客觀上具有多重合理解讀時，如其中一義為真者，即無不實。

7. 與實際狀況之差異程度。

8. 是否足以影響具有普通知識經驗之相關交易相對人為合理判斷並作成交易決定。

9. 對於競爭之事業及交易相對人經濟利益的影響。

另外，《公平法》第29條也規定，當事業違反《公平法》規定，致侵害他人權益者，被害人得請求除去；有侵害之虞者，並得請求防止；第30條也規定，事業違反《公平法》之規定，致侵害他人權益者，應負損害賠償責任。因此，當消費者因業者之不實廣告而受到損害時，自得依據上述規定請求賠償。

值得注意的是，《公平法》雖與《消保法》有類似的連帶賠償規定，但《公平法》的範圍較《消保法》更廣泛。例如《公平法》第21條第5項及第6項規定：「『廣告代理業』在明知或可得而知情形下，仍製作或設計有引人錯誤之廣告，與廣告主負『連帶』損害賠償責任。」據此，廣告媒體業在明知或可得而知所傳播或刊載之廣告有引人錯誤之虞，卻仍予傳播或刊載，亦與廣告主負連帶損害賠償責任。

此外，「廣告薦證者」如明知或可得而知其所從事之薦證有引人錯誤之虞，而仍為薦證者，也和廣告主負連帶損害賠償責任。只是，當廣告薦證者非屬知名公眾人物、專業人士或機構時，其賠償範圍以受廣告主報酬十倍的範圍內，與廣告主負連帶損害賠償責任。

另外，關於廣告不實，主管機關亦可依《公平法》第42條規定，限期令其停止、改正其行為或採取必要更正措施，並可按次處新台幣10萬元以上5000萬元以下罰鍰，直到不實廣告停止、改正其行為或採取必要更正措施為止。

再者，如廣告不實涉及食品、保健食品及化粧品時，即違反《食品衛生管理法》第28條第1項規定：「食品、食品添加物、食品用洗潔劑及經中央主管機關公告之食品器具、食品容器或包裝，其標示、宣傳或廣告，不得有不實、誇張或易生誤

解之情形」，以及《健康食品管理法》第14條：「健康食品之標示或廣告不得有虛偽不實、誇張之內容，其宣稱之保健效能不得超過許可範圍，並應依中央主管機關查驗登記之內容。健康食品之標示或廣告，不得涉及醫療效能之內容」等規定。如涉及化粧品時，則違反《化粧品衛生安全管理法》第10條第1項第2項：「化粧品之標示、宣傳及廣告內容，不得有虛偽或誇大之情事。化粧品不得為醫療效能之標示、宣傳或廣告」之規定。

可見相關法規對於廣告不實也有額外規定及行政處罰。

另外，不實廣告有時也可能觸犯刑事「詐欺罪」而不可不慎。

以《刑法》為例，該法第339條第1項就規定：「意圖為自己或第三人不法之所有，以詐術使人將本人或第三人之物交付者，處五年以下有期徒刑、拘役或科或併科五十萬元以下罰金。」所以，只要行為人有為自己或第三人不法所有的主觀犯意，加上使用詐術使人將本人或第三人之物交付，就可能構成「詐欺罪」。就此，法院判決也認定當行為人有不法取得財物之意圖，實施詐欺行為，導致被害者因而陷於錯誤並處分財產而受損害，就構成「詐欺罪」，而需擔負刑事責任。反之，若其所用方法並非詐術，或不致使人陷於錯誤，則不構成「詐欺

罪」。

　　究竟「詐欺罪」的構成要件如何認定？簡單的說，有下列各點要特別注意：

一、施行詐術的行為：

　　所謂「詐術」就是指傳遞與事實不符的資訊，包括：虛構事實、扭曲事實或掩飾事實等。此外，法院判決實務也指出，所謂「詐術」行為，不以積極的語言、文字、肢體、舉動或兼有之綜合表態等為限，如有「消極的隱瞞行為」，致使被害人陷於錯誤，也包括在內。

二、使相對人陷於錯誤：

　　所謂「錯誤」依據法院判決顯示，就是指被害人對於處分財物的判斷基礎有所誤認之意。也就是說當被害人知悉真實情形，依社會通念就不會交付財物時，就符合此一要件。

　　易言之，當行為人有前揭行為，致使被施行詐術之相對人產生主觀上的認知與客觀事實不符的情況時就構成。

三、相對人為財產上的處分：

　　當相對人陷於錯誤後，必須有處分其財產之行為。例如：交付瘦身商品的費用或加入瘦身會員等。

四、相對人或第三人受有財產損害：

相對人或第三人必須因被欺罔而造成財產上的損失。否則不構成。

五、因果關係：

除了上述各項客觀要件外，其間也必須有「因果關係」。簡言之，就是消費者的錯誤是因為業者的詐術所造成，而消費者的交付財產或為財產上的處分，也是因為該錯誤認知所造成，且消費者因而受損害，才構成刑事「詐欺罪」。

特別需要注意的是，並非所有的廣告不實均構成「詐欺罪」。廣告不實是否構成《刑法》上之「詐欺罪」，仍視廣告行為是否符合上述「詐欺罪」的構成要件；且參酌的因素還包括企業經營者在製作廣告時，主觀上是否有欺騙或有不法所有的意圖？又詐欺罪之成立也須有陷於錯誤的情形。如果民眾並未因該廣告而陷於錯誤時，也不會成立「詐欺罪」。

從上述規定及法院判決可知，商家的廣告內容必須真實，而千萬不要誇大。否則，消費者得依《消保法》第51條向該商家請求賠償，並視商家之故意過失程度，請求一到五倍的懲罰性賠償金。

另外，除了《消保法》外，由於廣告不實涉及《公平法》

第21條，如經認定廣告不實，消費者亦可依《公平法》第30條向商家請求損害賠償。

至於刊登或製作廣告之媒體經營者，或是該廣告的代言人，《消保法》及《公平法》都分別有設有「連帶賠償」的規定。是以，消費者亦可向知情或可得而知之不實廣告「媒體經營者」或「代言人」請求連帶賠償。

此外，當商家對商品有誇大不實情事時，消費者也可以向公平會檢舉。如是，該企業經營者也須面對主管機關的調查，並可能被主管機關處新台幣10萬元以上5000萬元以下之罰鍰。

當然，若購買之商品屬於食品、健康食品或化粧品，則該不實廣告的企業經營者更可能面臨額外的行政處罰，而得不償失！

職場如戰場
自己的工作權自己保！

為保障勞工的工作權，除了法令規定不適用《勞動基準法》（下稱《勞基法》）之業別外，雇主若想與勞工終止聘僱關係，必須符合《勞基法》規定。包括：該法第11條「經濟解雇」與第12條「懲戒解雇」。千萬不要隨便找理由就終止聘僱關係，以免惹禍上身。

何況，勞工是經濟弱勢而需要保障他們的「工作權」與「生存權」。為了避免雇主任意解雇勞工，《勞基法》也特別明文限制解雇的條件，期以落實「保障勞工權益，加強勞雇關係，促進社會與經濟發展」之立法本旨。

》 究竟「經濟解雇」是什麼？

文縐縐的「經濟解雇」乙詞指的就是「資遣」，也就是雇主因歇業或轉讓、虧損或業務緊縮、不可抗力等，暫停工作一個月以上，或因業務性質變更而有減少勞工之必要，又無適當工作可供安置，或勞工對於所擔任之工作確不能勝任，才可以

與勞工終止雇傭關係。

由於該等事由並不可歸責於勞工，因此課予雇主一定的義務。包括：必須遵循預告期間、給付資遣費、提供謀職假等，以降低對勞工之衝擊與不利益。

就此，《勞基法》第11條的五款終止事由中，前四款較明確。例如，受疫情影響經營不善以致倒閉、停業或虧損；或是事業單位因業務性質變更，停止經營某一領域的業務，導致從事原業務單位的勞工無從發揮，且公司又無適當職缺可供其從事等。但該條第五款之「勞工對於所擔任之工作不能勝任」就較不明確。

究竟雇主可以主觀認定「勞工對於所擔任的工作不能勝任」，或有其他客觀標準？就此，法院認為對於「不能勝任」的判斷須綜合考量「客觀的能力不足」與「主觀的不配合」的因素。亦即需視勞工的工作能力、身心狀況、學識品行等加以綜合判斷。

是以，縱然勞工有意願工作，但客觀上，如該名勞工無法符合雇主要求時也可以解雇。就此，法院就曾認定：「勞工發生車禍，無法進行日常工作，雖雇主給予留職停薪，但勞工之狀況仍未痊癒」、「勞工負責之業務須應對國外客戶，卻始終無法通過公司內部語言考核時」，或是「勞工時常未遵守公司

請假程序而擅自請假」等均構成。

至於「主觀」上，則應考量勞工是否有「能爲而不爲」、「得做卻不願意做」等消極不作爲情形。就此，法院也曾認定「勞工長年遲到、無故請假或曠職，更時常違反工作規則而遭客戶申訴」，或者當「勞工未能忠誠履行勞務給付之義務，屢經公司勸導、輔導後仍不願改善」也構成。

另外，法院判決更表示：有鑑於勞工係透過勞務取得收入維生，爲保障勞工之「生存權」，所以雇主解雇勞工時，若有其他替代方案，例如：調職、績效檢討、教育訓練、記過、降薪時，雇主仍應盡量避免解雇，法院也認定「除非其他手段已用盡，勞工之情況仍無法改善時」才可解雇。此即俗稱的「解雇最後手段性原則」。

簡言之，《勞基法》第11條第5款之適用，需有「客觀上的能力不足」及「主觀上的不配合、不願做」等情事；且須符合「解雇最後手段性原則」，始得合法終止與該勞工的聘僱關係。

》》「懲戒解雇」又是什麼？

至於「懲戒解雇」則是指勞工如有《勞基法》第12條第1項情事，例如：勞工有下列情形之一時，雇主可不經預告終止

契約，且雇主無須給付資遣費：

1. 於訂立勞動契約時有虛偽意思表示，使雇主誤信而有受損害之虞者。

2. 對於雇主、雇主家屬、雇主代理人或其他共同工作之勞工，有實施暴行或有重大侮辱之行爲者。

3. 受有期徒刑以上刑之宣告確定，而未諭知緩刑或未准易科罰金者。

4. 違反勞動契約或工作規則，情節重大者。

5. 故意損耗機器、工具、原料、產品，或其他雇主所有物品，或故意洩漏雇主技術上、營業上之秘密，致雇主受有損害者。

6. 無正當理由繼續曠工三日，或一個月內曠工達六日者。

簡單的說，「懲戒解雇」導因於勞工的不法或不當行爲，而無法期待雇主繼續與該勞工維持雇傭關係。因此，在「懲戒解雇」情事時，並未課予雇主相應的義務。

然則，前項第4款的「情節重大」究竟何指？又如何判斷？

依據法院的見解，「情節重大」是不確定的法律概念，而且不以雇主之工作規則爲認定之唯一依據，而須視勞工違反的具體事項，以判斷是否客觀上已難期待雇主採用解雇以外的懲

處手段？又，雇主的解雇手段，是否與勞工的違規行為在程度上相當？

至於勞工行為是否已達可予解雇的標準，也應就勞工違規行為的態樣、初犯或累犯、故意或過失，以及該行為對雇主所生之危害或損失、勞雇關係之緊密程度等因素審酌而定。就此，法院也多認勞工之違規行為是否對雇主產生實際損失，僅是衡量標準之一，而非必要條件。因此，勞工違反勞動契約或工作規則之行為，而對雇主造成相當危險，致客觀上難以期待雇主採用解雇外的手段處理時，也可能符合「情節重大」的要件。

應注意的是，雇主如依《勞基法》第11條解僱勞工前，必須先給予勞工改善的機會，並以較輕微之處罰替代解雇，且直至無法改善，雇主始得以解雇勞工，此即為「解雇最後手段性原則」。

然而，雇主若依《勞基法》第12條則不適用「解雇最後手段性原則」，而只要勞工之違規行為已達「情節重大」之程度，雇主即無須容忍勞工之行為或繼續與其維持雇傭關係，而可以直接解雇。亦即當雇主以「懲戒解雇」員工時，「情節重大」就是主要之判斷依據；至於是否符合「解雇最後手段性原則」則不在考量的範圍內。

　　有鑑於解雇事由不同，雇主的相應義務也不相同。雇主在「懲戒解雇」時，雖無須履行相應的義務；但在「經濟解雇」時，則須履行特定義務，包括下列各項：

一、預告期間

　　由於解雇勞工將會對勞工的生活、經濟產生重大影響，因此，當雇主欲解雇勞工，依《勞基法》第16條規定，雇主如係依同法第11條事由解雇勞工時，應於一定期間前預告該名勞工，並給予勞工一定時間準備離職，並為後續之生活有妥適之安排。如雇主未依規定提前預告勞工而解雇之，就必須給付該名勞工預告期間的工資。

　　另外，勞工在預告期間內，若為另謀工作，也可以在工作期間請假外出，然每星期不得超過兩個工作日，而就該請假期間之薪資，雇主也應該照常發給勞工。

二、資遣費

　　依據《勞基法》第17條規定，雇主依據同法第11條事由解雇勞工時，必須在解雇勞工三十日內發給勞工資遣費，並依照勞工所適用勞工退休金制度為舊制或新制年資而分別計算「資遣費」。

　　若適用舊制年資者，則依《勞基法》第17條第1項規定，

每滿一年發給一個月平均工資，未滿一年者，則依比例發給，而未滿一個月以一個月計算。

若適用新制年資者，則依《勞工退休金條例》第12條規定辦理。也就是每滿一年發給二分之一個月的平均工資，未滿一年者，同樣依比例計算之。最高可發給六個月之平均工資。

三、資遣通報

另依《就業服務法》第33條規定，雇主應於解雇員工十日前，向當地主管機關及公立就業服務機構通報。而且無論被解雇之員工年資多寡，雇主都必須進行通報。若遇員工到職日過短，而無法於十日前通報者，仍比照《就業服務法》第33條第1項但書規定，在該名勞工離職之日起三天內進行通報。

四、服務證明書、非自願離職證明

依據《勞基法》第19條之規定，雇主無論係依據何原因與勞工終止雇傭關係時，勞工若有向雇主請求發給服務證明書時，雇主不得拒絕之。

另，與前揭服務證明書不同者為非自願離職證明，依據《就業保險法》第11條及第25條之規定，勞工若係因雇主關廠、休業、解散、破產宣告所為之離職，或係依據《勞基法》第11條資遣、第13條不可抗力之但書、第14條懲戒解雇及第

20條事業改組或轉讓等各款事由所爲之離職，均屬「非自願離職」，此時，雇主須發給該名勞工「非自願離職證明」，使勞工得以申請失業給付。

綜上，勞工爲經濟弱勢而需予以保障其「工作權」與「生存權」；又爲避免雇主任意解雇勞工，《勞基法》乃明文規定，以落實「保障勞工權益，加強勞僱關係，促進社會與經濟發展」的立法本旨。

提醒受薪階級的民眾，職場如戰場！自己的工作權自己保！

停電也可以申請理賠嗎？
可別讓權益睡著了！

　　303大停電讓國人印象深刻。全台民眾因為蒙受實質損失而抱怨連連，但不管官員再怎麼推託搪塞，也別想轉移焦點。

　　特別針對民眾的損失，我在立法院質詢時也特別要求政府務須負起責任，也因此財政部長答覆我質詢時承諾，全台每個地方，只要有停電、有受損，不管小規模營業人或一般民眾，年度申報所得稅時均得視損失情況申請減免稅額。雖然看來只

是杯水車薪，但也請大家多加留意，千萬要保存好維修或重購家電單據，可別讓自己的權益睡著了！

其實一停電、一跳電，比較敏感的電氣設備就很容易故障。以我個人為例，剛好這次停電的時候正在使用掃描器，一跳電，就這麼巧，掃描器就再也無法開機。

根據財政部的說法，這些因為停電而受損的電器設備，在綜合所得稅裡，都可納入災害損失特別扣除。

尤其根據財政部長的說明，不光是受創最慘重的高雄，全台所有受停電波及而生損失的小店家，都可以申報損失並減免所得稅額。所以，民眾如果因災害損失而去重購或維修等，切記要把相關費用的證明好好保管好，以便在所得稅申報時舉證抵減。

只是財政部一直堅持個人或商家須透過當地的里長或台電證明有停電的情形，就顯得太過官僚。全台大停電在法律上面來講，就是已知的事實；同時哪裡停電，台電應該知之甚明，根本不需要里長證明！

國賠法大修
野營意外國賠難度大？

2020年，武界壩水庫下游野營三死意外引發國人高度關切，民眾並認為，公部門對於「公共設施」的管理、公共安全、以及民眾生命保護有不可推卸的責任，也主張公部門或受託管理機關如有過失或失職時，就應理賠。

由於2019年底《國家賠償法》修正後，過往所謂的「戶外活動零風險」已不存在。喜歡接近大自然或野外休閒的民眾，一是要先了解大自然的危險，也要多留意自身權益。

　　畢竟，依現行《國家賠償法》規定（下稱《國賠法》），法院審酌關鍵還是警告標示是否「適當」？如果法院認定相關警告牌示「適當」，則無法取得國家賠償。千萬別被個人直覺式的反應而混淆了！

》國賠法大修

　　近年來熱愛到大自然體驗秘境美景、溯溪、野營的人越來多，以出事的武界壩為例，甚至還上過官方熱推景點。踏青、爬山、紮營活動夯，民眾喜歡接近大自然，本是好事；但長期以來，民眾對野外活動風險的輕忽也是不爭的事實。

　　首先，出事的武界壩水壩排洪閘門是否屬於「公共設施」或「自然公物」？

　　以本案為例，台電公司「水壩閘門」的確是《國家賠償法》第3條所規範之「公共設施」無疑。只是，受難者受難者及其家屬使用的是該設施下游的河床，而非使用水壩閘門這個「公共設施」。

　　因此，無法適用《國賠法》第3條第1項「『公共設施』因設置或管理有欠缺，致人民生命、身體、人身自由或財產受損害者，國家應負損害賠償責任」的規定；也不適用該條第2項「前項設施委託民間團體或個人管理時，因管理欠缺致人民

生命、身體、人身自由或財產受損害者，國家應負損害賠償責任」的規定。

其實，國賠期待落空原因就在於，《國賠法》在2019年12月18日修訂後增列第3條第3項「於開放之山域、水域等自然公物，經管理機關、受委託管理之民間團體或個人已就使用該公物為適當之『警告』或『標示』，而人民仍從事冒險或具危險性活動，國家不負損害賠償責任」的規定。

簡言之，武界壩水壩相關部門將會援引該新增的第3項規定，主張武界壩水庫下游係「自然公物」，且已設有「警示牌」提醒民眾，因而國家並無賠償責任。如果法院也認定臨近地區確已有「適當警告或標示」，野營又屬從事冒險或具危險性活動，則受難家屬將難以取得國賠。

其實，「戶外活動不再零風險」的概念原本就是民進黨政府去年底修法時的主要考量。還記得當時的政務委員也公開表示，未來國家僅提供適當警告及標示，不負責人身安全任何損害賠償責任，就是希望「再見了媽寶級國家」！

因此，包括登山、攀岩、溯溪、垂釣、戲水、海上活動等具有風險性活動，參與者都需隨時注意自然的變化，強化自身知識、經驗與技能，組織好團隊，以應付可能潛在風險。官員們說，修法拿掉國賠緊箍咒，解除管理機關「禁止了事」的保

守心態，政府才能大幅度開放山域及海域的野外活動，並鍛鍊出積極進取、敢冒險和能自我負責的公民。

》 還有爭取國賠的空間嗎？

準此，受難人家屬能否成功請求國家賠償的空間，主要還是要看告示牌是否已屬於「適當」之警告或標示，以及管理機構台電公司是否在放水前，也依法警告等。因此均仍待法院認定。

一如該條次立法理由明載：考量各開放場域位置之天候、地理條件各有不同，人民可能從事活動亦有差異，故警告或標示，並不以標示牌、遊園須知告示、門票、入園申請書、登山入口處等適當處所警告或標示等實體方式為限，而應考量該警告或標示是否「顯著」及其成效，來綜合決定是否採用一種或數種方式，始為適當。

既然如此，所謂「適當之警告或標示」，最起碼要讓民眾所經之處明顯可見再加上《水利法》第65條之1之規定，以及「武界壩水庫運用要點」第11點關於水庫放水前應於1小時前發布洩水警報及其他必要防護措施的規範。台電及行政機關可別衹想用設了告示牌等同已有「適當」警告為藉口卸責！

CHAPTER 4

律師講政策

威權復辟？
以科技偵查為名的數位監控？

　　法務部前曾研擬《科技偵查法》草案，而引發法界及學界全面撻伐。最後雖在民間聯手下，迫使官員收回成命，但期間各方意見衝突的過程，以及法界捍衛人權與個人隱私的努力，仍然值得我們深思。

　　畢竟權力的需求是無止盡的，政府如果隨時隨地都想擴權，人權與隱私勢將成為政府的祭品。一旦民眾失去戒心，民

意與監督機制失靈，台灣就會往威權體制的錯誤方向狂奔。尤其在民進黨政府掌握國會過半優勢下，對於爭議法案經常為所欲為，絲毫不顧民主政治的界線，就算民意反彈，也還若無其事的打馬虎眼，難道台灣人民真是塑膠嗎？

《科技偵查法》的主要爭議在於授權檢警調機關使用科技設備或技術對人民進行監看、拍照、錄影和錄音。正如《全民公敵》升級版在台上映，對於台灣人民的個人自由、秘密通訊自由及隱私造成莫大威脅，而明顯違法、違憲！

《科技偵查法》表面雖是科技偵查，但實際上已牴觸《憲法》及《通訊保障及監察法》等保障人民基本權利的底線，等同賦予檢調機關恣意「秘密」監看人民的權利，而令人難以接受。

該法如果通過，恐怕連 Line、臉書、WeChat 等通訊平台，政府都能輕易地透過木馬程式，實施即時監察，再會從民眾手機、電腦提取資訊當做呈堂證供。如果政府搭配整合 GPS 監控後所拼湊出的個人位置、移動軌跡資料，個人有意識的活動、行動及互動也好，「全都露」。可以說，完全摧毀了《憲法》保障的隱私權，更嚴重侵害基本人權，遑論保障！

更嚴重的是，這一切的一切，都是在民眾不知情的情況下執行。不但被調查者不知，就連不相干的民眾只要在被監控者

鄰近處，也受池魚之殃。這些平民不要說是毫無自保的能力，恐怕連權益受侵害都毫無所悉，而只能赤裸裸把自己的一切，曝露在虎視眈眈的檢調眼皮下，任其觀賞或嬉笑擺布。

尤其，資安事故頻傳，迄今無解，就連總統府、入出境管理局等公家機關與第一銀行等大型銀行都無法倖免，遑論市井小民！何況，檢調警等可能接觸監控訊息者的良莠不齊，在今日網路社會中，民眾人手一機，又把太多關於個人資料與隱私的東西存在了手機裡。未來政府要埋木馬程式，這些資料會不會被看到？被洩露？發生問題或造成損害又由誰來解決？

我們實在很難想像，為何官員會有這種侵害人權的誤謬想法？又憑什麼以科技為名的偵查，就可以排除《憲法》和《通訊保障及監察法》（下稱《通保法》）所保障的「通訊自由」和「隱私權」？

明明《通保法》嚴格限制，須在有事實證明危害國家安全、危害經濟秩序或社會秩序且「情節重大」，並有相當理由可信其「通訊與案件有關」，又「不能或難以其他方法調查證據」時，才可以由檢察官聲請「法院」核發通訊監察書。如今法務部竟想用一句「科技偵查」，就排除相關限制？

甚至，只要檢察官認為必要，就可以監看、拍照、錄音、錄影？對與案件無關的人，竟也可用「實施調查時，受調

查對象或標的以外之人或物將無可避免地涵蓋於調查內容，亦得爲之」而無限擴充範圍。凡此，豈非對民主法治最大威脅與諷刺！

相信民眾一定有相同疑問，《科技偵查法》草擬前，難道是閉門造車、完全不參考各國規定嗎？如果有，請問連科技領先的美國都規定要有明確證據顯示與該案有關，並需取得法院核可；而在德國，同樣要受法院的嚴格拘束，爲什麼在台灣只要檢察官認爲必要就可以？這不是在走民主倒退的回頭路嗎？

民進黨強行設置的促轉會不就是打著「公平正義」的旗幟，爲曾遭莫名監控、監聽的民眾打抱不平嗎？爲什麼如今會自我打臉，走威權時代的老路呢？

「民主自由」是台灣最重要的價值，「人民」才是台灣的主人。在未經「正當程序」取得法院核准前，任何機關都不可以侵害人民的基本權利。

手機是現代最普遍的通訊工具，雖然法律需要跟上科技腳步。但台灣不應該走回頭路，這種以民主法治爲代價的荒唐法案，當然還是胎死腹中才好！

數位身分證資安疑慮多，
也引爆竊取身分的危機！

　　內政部原定於西元2021年10月換發數位身分證（New eID），卻引發上百位學者專家在網路發起連署反對換發。

　　其之所以有這麼多質疑，就是因為數位身分證如果沒有做好妥善規劃與管制，特別是多卡整合加上感應刷卡的結果，將引爆嚴重的資安疑慮，也把人民隱私置於高風險環境中，甚至釀生身分盜用危機。試問，到時民眾救濟途徑是什麼？政府真

的想好了嗎？可不要又方便了罪犯、苦了民眾！

內政部所擬推動的多卡整合數位身分證眞的合適嗎？尤其是使用感應刷卡，因爲感應卡很容易被攔截偵測，甚至遭側錄。萬一發生攔截或側錄等漏洞，民眾行蹤與隱私將一覽無遺。

假設內政部依然決定實施，也應該讓民眾對於要不要E化有選擇權，而非強制推動。

道理很簡單，傳統方式係以紙本爲之，而可限制其流出；而民眾影印紙本時，也可在上面加註「含個資應予保密」及「使用限制」等警語。但透過網路後，大量流出可能性增大而難以控管。其後果絕非如內政部新聞稿所稱之：「數位身分證較紙本更爲安全及保障民眾隱私。」

表面來看，數位身分證上路，代表台灣往數位治理、數位政府更進一步，有助強化政府效能與國家競爭力；加上搭載加密晶片儲存個資，高達八成需要用身分證辦理業務可線上辦理，還能結合健保卡、駕照，綁定手機，使用者會更方便。

但從資安角度來看，迄今仍無所謂「絕對安全的資安系統」，特別是當數位身分證實體欄位資訊還包括姓名、身分證字號、照片、生日、配偶、戶籍地址等六項個資，至於父母姓

名、出生地等個資，則由民眾設定6到8碼的密碼保護，但如果欠缺輸入失敗鎖卡等配套措施時，透過電腦運算破解6到8密碼並不困難，也不安全。

何況，醫療及報稅等資料均屬「敏感」或「重要」個資，內政部擬將健保卡併入身分證尤其危險。殊不知，犯罪集團只要破解一卡即取得所有資料，所以「一卡整合」也代表著風險增加，再加上綁定手機，無疑是爲犯罪者開啟了方便大門。

網際網路及虛擬環境，雖然強化了行爲的無疆界性及匿名性，也促進了使用的便利性，但也導致主體身分不確定性的風險急劇增加。一旦資料外泄，將全面性的從資產到個人信用、信息蒙受崩盤的危機。

凡此種種的不可不慎，也因此在政府沒有完善的安全配套與救濟機制前，數位身分證真的不用操之過急！

疫苗只跟原廠買才有保障？
哪來的假訊息？

　　本土疫情爆發，地方政府及民間團體曾要求政府容許其自行向國際藥廠採購符合WHO標準的疫苗，卻遭中央否決，蔡英文總統一番疫苗「只有跟原廠洽購」說法，更導致臉書被灌爆。

　　我當時就指出，綠營政府的資訊肯定有誤，因為無論國內外實務上，祇要是合法代理，代理商的承諾對其所代理的原廠

就有拘束力，而原廠也必須負責。所以不會有所謂代理商的疫苗沒有保障這種事。眞不知道又是哪個幕僚或單位提供了蘇內閣團隊這樣錯誤的資訊？

說眞的，民眾的要求很簡單，只是需要疫苗保命，想知道疫苗何時進口到貨。民進黨政府卻一再拖延或推託，自然引爆民怨！

何況，所謂「代理商」就是代理原廠的廠商。代理商既然受原廠委任並指定爲代理人，代理商的行爲，委託的廠商就應該負責。所以即使原廠未親自出面洽談，而是由其代理商來處理，原廠還是要負責任。假設原廠跟代理商間另有限制或其他約定，除非買受人明知其約定，否則這種約定，也僅存於原廠與代理商之間，而對善意的第三人沒有影響。

以我國法律爲例，《民法》第167條就規定：「代理人於代理權限內，以本人名義所爲之意思表示，直接對本人發生效力。」所以，透過代理商取得的商品，本人（即委託廠商）就應負責。何況，還有「製造商責任」等法令規定足以提供民眾必要的保障。

至於所謂的「製造商責任」則是因爲製造商理應了解其生產的產品的使用風險。製造商如疏忽未予消費者適當警告，或因疏忽未發現和未意識到風險的存在時，各國對於該產品使用

時所發生的人身傷害與財產損失，也都責令製造商負責。

其實，有關陸商代理的BNT疫苗，或其他獲得WHO認可並已在全球其他國家施打的疫苗，民眾只想知道在台灣迫切需要疫苗之際仍不可以進口的真正理由，縱然是因為綠營政府「抗中」而不准大陸疫苗進口，至少也應有替代方案，而不應拿人民的生命安全當代價或籌碼吧！

透過談判交換資源與分享競爭優勢，本是國際貿易常態，韓國透過美韓峰會，促成雙方疫苗、半導體合作就是最好例證。偏偏綠營政府和官員面對疫苗供應期程與規劃，從議約、簽約到執行，甚至分配與施打排序措施，毫無經驗又一切黑箱，自然執行起來毫無頭緒。

是以，行政官員就算沒有「故意」，但幾年來的不作為、輕忽、縱容破口擴大、隱匿疫情資訊，以及無視國人安危遲延採買疫苗等，都已導致人民的「健康權」與「生存權」等權利受到嚴重的威脅或侵害。官僚們怠忽職守的情事顯而易見，理應符合國賠要件，而失職怠惰的政務官更應擔負全責。

再次提醒政府官員，《憲法》保障人民健康權，執政當局切無罔顧人民健康權或封殺民眾選擇的權利！

愛心捐款專款專用了嗎？

　　太魯閣號事故發生後，民間對於這件不折不扣的人禍事故，多認為政府闖禍自應一肩扛起，而不能理解為什麼政府居然還要募款，並由衛福部公布捐款專戶帳號接受各界捐款，要民眾捐款給政府？

　　當然，台鐵太魯閣號重大事故讓國人同感哀戚，所以除了民眾捐款踴躍，許多縣市首長也宣布捐出一日所得，希望幫助

罹難者及其家庭度過難關，而證明了台灣民眾始終愛心滿滿，且在重大災難後發揮到極致。

奇怪的是，《公益勸募條例》明明規定，公益勸募的中央主管機關是「衛福部」，而其勸募單位也僅限於公立學校、行政法人、公益性社團法人、財團法人，至於各級政府機關（構）僅得基於「公益目的」接受所屬人員或外界「主動」捐贈，而不得發起勸募。可見，衛福部的發動募捐，應限於遇到重大災害或國際救援。

但看看衛福部所公布的國內外捐款專戶名稱，竟是「衛生福利部賑災專戶」，而非專為本次「太魯閣號事件」所設。難免民眾會質疑如果捐款者未指定捐款用途為「0402太魯閣號事故案」時，該款項是否會「專款專用」予本件太魯閣事件罹難者家屬或交付其他被害人？

截至目前為止，衛福部僅口頭表示，捐款將用於傷者醫療、復健、生活重建、家屬經濟支持。而健保署則表示預留10億元「用於支應重大事件」。試問，如果捐款者都點選了專款專用在「0402太魯閣號事故案」，哪來10億元的限制？如果不是這麼緊急需要用在「0402太魯閣號事故案」，政府又何以發動募款？政府官員的言行豈不自相矛盾？

為使民眾響應捐款時，得以即時了解政府募得財物之運用

規劃及範圍，顯然與每月固定公開捐款統計與用途的要求不同。尤其，審計部對於公益勸募條例中政府因應重大災害或國際救援發起之勸募活動，於「發布勸募訊息 10 至 14 日內，公告募得財物使用計畫」也早有規範。

何況，政府對民間團體發動勸募的規定甚嚴，並明文要求所得財物應「依主管機關許可之勸募活動所得財物使用計畫使用，不得移作他用」。政府既然要求民間必須先有明確且具可行性的計畫才能發起募捐，為何政府單位自己不用比照辦理，以昭公信？難道又是只准州官放火，不准百姓點燈？

更別提衛福部本就是公益勸募的主管機關，原先立法本意應該也是希望主管機關盡可能發揮監督、監管的功能，而非自行跳下來募捐。

簡言之，正確的方式應是由有公信力的單位，例如：民間與政府共同監管的公益社團法人或財團法人，設置募款專戶處理尚未用完的餘款較妥，以避免民眾愛心溢出實際需求，或處理單位無法有效管理運用，而產生類似高雄氣爆後善款使用流弊或爭議。謹再次提醒行政官員，千萬不要違背捐款人初衷與熱心！

美國向全球YouTuber追稅
台灣網紅祇能自求多福？

眾所周知，美國稅務機關追稅一向不手軟，只要被盯上，下場都很慘；建議如實申報，否則，恐怕不僅要負擔從「全球收益」中直接扣繳24%的懲罰，還可能擔負其他責任。所以當美國宣布將展開對全球網紅追稅行動，立刻引發各國關注。

畢竟，點閱及分潤等數據Google均有，繳納稅款也在所

難免，還是準期申報才能避免不必要的責任與追究。倒是台灣與國外簽訂的租稅協議不多，適用的稅率與重複課稅問題才是重點，提醒網紅們千萬不要輕忽以對，以免權益受損。

或許有些人認為美國規定對台灣YouTuber影響不大，因為點閱者多來自台灣或華語觀眾，但却未必。尤其，台灣網紅對於美國稅務規範未必熟悉，也無法理解何以其在「美國境外」拍攝與上傳的分潤收入屬於「美國來源所得」，而應被扣繳30%的稅金？

甚至，境外YouTuber若提交美國稅務資訊，依國籍不同，預扣稅率介於0%到30%之間。但為什麼台灣網紅就適用最高的30%，英國、加拿大籍網紅就適用0%？

說穿了，就是台美租稅協議，迄今八字仍無一撇造成的！

事實上，針對台灣網紅的課稅，原則上有兩種：一是依《所得稅法》第2條第1項「凡有中華民國來源所得之個人……課徵綜合所得稅」；另一則是依據《所得基本稅額條例》第4條第1項規定，按照「最低稅負」計算並繳納差額。

因此，台灣網紅們的收入因屬個人「勞務所得」，而依我國現行法令規定，「中華民國來源所得」應以「勞務提供地」

認定，而非視「勞務使用地」或「債務人支付地」標準認定。

簡言之，依據台灣法令規定，影音平台上之影片既是在台灣拍攝及上傳的，台灣的稅捐稽徵機關就認定是「中華民國境內」提供勞務，也認定台灣網紅受領之收入理應就是「中華民國來源所得」。其原本只須依所得稅法規定以「收入」減除相關「成本及費用」等計算所得並繳稅即可。

麻煩的是，美國稅務機關不受台灣法令的拘束，其一旦認定台灣網紅的收入是「美國來源所得」，則除依法向美國稅務機關取得特別處遇（Private Ruling）外，台灣網紅們不能只依台灣法令規定辦理，也需符合美國及相關國家之法令規定。

其實，有沒有簽定租稅協定差別真的很大！蘇內閣團隊這段時間以來不斷大內宣，宣稱現在正是台美關係最好的一刻，但我們只看到台灣單方面的配合或開放，無論從租稅協定到FTA談判都遲遲沒有進展，也根本無法為國人在國際上爭取應有的公平對待。

綠營政府不知道沒有租稅協定，導致台灣網紅須適用30%稅率嗎？也不擔心是否出現壓榨國人剝幾層皮的「雙重課稅」嗎？更不在乎相關課稅違《憲法》保障「租稅公平」原則嗎？

特別是中美稅法間彼此衝突的規定，包括：究竟屬於何國

來源所得？以及依據國外法令繳交之稅款可否扣抵另一方所在國應納稅款？財政部難道不應該立即明文釐清民眾疑慮嗎？

豈不知，既是中華民國來源所得就不是「境外」所得，如果不是境外所得，就不該有境外繳稅額，既無境外繳稅額，也就是無法扣抵。其既無法扣抵，可否歸屬「費損」而自收入扣除以計算所得？以達財政部長所謂「絕不重複課稅」的承諾。

截至目前為止，財政部似乎已認同美國見解，也就是台灣網紅取得YouTube支付收入為台灣的「境外所得」，而可以按《基本稅額條例》第12條第1項1款規定，如其境外所得未達新台幣100萬元者，得免予計入。

至於境外所得超過100萬元的網紅們，則按該法第13條第1項等規定，在扣除新台幣670萬元後，按20%計算稅款。至於已依所得來源地法律規定繳納之所得稅（例如美國扣繳的稅款），亦得檢附憑證扣抵在台應納稅額。

但這豈不又衍生另一問題，也就是當網紅們未在美國依法申報，網紅們被就源扣繳的稅款，就無法用來抵繳台灣的稅款？

實際上，美國報稅資料非常複雜，程序也繁瑣，相信有美國交易經驗者都很清楚。如按財政部所說，台灣網紅需留取申

報資料及美國課稅金額，以便爾後自應繳稅額中扣除，但礙於語言障礙及法令的艱深詞彙與含意，恐怕不是長期在非英語系國家居住、生活、工作的網紅所能負擔的！

對於這些申報及資料取得的複雜與困難問題，綠營政府及財稅官員可曾放在心上？

就此，財政部表示其有能力掌握網紅的台灣稅源與資訊流，並稱台灣的課稅權不會因為美方預扣就放棄；更稱「網路平台，網路店家、企業的金流支付情形，網紅的代言費等，國稅局都會去了解，都會去查」，以確保有中華民國來源所得就要在台灣繳稅。

令人擔憂的是，隨著網路平台暴衝，與大眾接收資訊途徑及媒介改變，網紅經濟已成為數位時代寵兒，更是全球性的風潮。既然網路無國界，而台美租稅協定迄今仍無音訊。台灣的網紅們，也只能自己的權益自己顧，就別再指望無知、無能、無為與無感的四無政府了！

政務官失職
國家不用賠嗎？

　　有關立法院新進三讀通過的《公務員服務法》（下稱《公服法》），我曾與多位在野立委主張增訂政務官比照私人企業負責人之「忠實義務」並負連帶賠償責任。雖然民進黨利用國會多數暴力否決前開修正，但也再次驗證其雙標與不適任！

　　試問：政務官對其所執掌的公務負責，不是天公地道嗎？主管機關拒絕修法的原因竟然是《國家賠償法》已有公務

員怠惰和賠償的規定。

但是，《國家賠償法》明明規定的是由「國家」擔負賠償責任，也就是用人民辛苦的納稅錢賠償。憑什麼政務官怠惰或失職造成的損失，該用人民的納稅錢來賠？

過去幾年來，綠營政府囂張跋扈，更挾著國會絕對多數的優勢，肆無忌憚的進萊豬、吃核食、喝核廢水。更以防疫、紓困、振興爲名，要了8400億的特別預算，但到底花了多少錢在防疫身上？從缺口罩、缺酒精、缺疫苗，到今天的缺快篩、缺備藥，零零總總加起來，不就是政務官輕忽、怠惰或失職造成的嗎？這些損害不該由禍國殃民的政務官負責嗎？

其實當初起草修正條文時，我個人早就料到執政黨絕對不會讓步，所以才特別參考政府對民間企業經營者的要求標準修法增訂。

請問綠營黨員和立委們，政府既然要求民間機構與經營者應遵守「善良管理人」注意義務和「忠實」義務，爲什麼制定和執行政策的官員不用？難道又是雙標？

民主國家「以民爲主」，行政單位存在的唯一目的就是「服務人民」。也因此，政府如何擬定政策及大政方針、執行政策，以及妥善編列與運用預算，自應以追求國家及人民福祉

的最大利益為導向。

可是，我們看到先人拋頭顱灑熱血、爭取而來的民主自由，卻被民進黨官員摧毀。如今披著民主糖衣的獨裁政府，不僅讓貪汙除罪化，更否決了政務官對政策須負賠償責任的修法。

殊不知，我的《公務員服務法》修法只是針對政務官、特任官、簡任十二職等及以上之公務員，要求其等應忠實執行公務並盡善良管理人之注意義務；如其等未以國家最大利益為優先、或有違法之行為，致國家受損害者，才擔負損害賠償責任。連這樣卑微的要求竟都被封殺！

如今，綠營官員挾著執政黨國會席次過半的優勢，假「公僕」之名，行「帝王」之實，台灣還算得上民主國家嗎？

國賠的肇事者及官員都難辭其咎 別讓罹難者權益睡著了！

　　台鐵太魯閣列車撞上滑落鐵軌的工程車造成史上最嚴重死傷事故。如果日後法院認定事實與媒體報導內容一致，也就是肇事的工程車是在進行台鐵「鐵路行車安全改善六年計畫」項下邊坡防護工程，卻因工地邊坡沒有任何安全圍籬或柵欄以防止車輛、土石等物品滑落邊坡而肇禍時，則只要是因行政單位或其委外包商的故意或過失行為造成，包括工地設置及管理、監督包商及施工等，而導致損害發生，就符合《國家賠償法》

規定。罹難者及家屬可別讓自己的權益睡著了！

《國家賠償法》第3條明定「公共設施因設置或管理有欠缺，致人民生命、身體、人身自由或財產受損害者，國家應負損害賠償責任」，並且當「前項設施委託民間團體或個人管理時，因管理欠缺致人民生命、身體、人身自由或財產受損害」時，國家也應負損害賠償責任。

從目前公開訊息顯示，交通部門的怠惰、台鐵的管理不善、對鐵道邊坡安全的漠視、對安全防範機制的輕忽，乃至於施工、監造廠商的便宜行事，或對施工安全的規劃與執行付之闕如，施工品質低落等等，一層又一層惡性循環的結果，導致每一個環節的鬆動，以及安全標準逐層大打折扣，終於釀成巨災。

當然，國賠後，政府及相關單位對於肇事者仍有求償權。只是肇事者如無足夠資力，到時國賠案縱可取得勝訴判決，也是求償無門，最終還是全民買單，沒有任何實質意義。

讓人難以接受的是，政府部門毫無反省與檢討能力，坐視台鐵工安意外一再發生而視若無睹，除了持續大內宣美化政績，或第一時間發動1450網軍帶風向，轉移社會焦點外，毫無制度改革的企圖心。

　　反正出了事、要國賠，都靠民眾納稅的血汗錢支應。真不知道我們每年花大筆公帑養這個無能政府到底目的何在？

國賠修法
國民法官也遭殃？

　　國民法官制度即將上路，這對法界與全體國民來說都是相當大的變革。當然，非常多法界菁英對政府推這種半調子的國民法官制度很有意見，只是擋不住民進黨用國會過半的人數優勢輾壓，而被迫接受這樣的制度變革。也同時暗自祈禱，希望大家推測的諸多爭議不要發生，否則民眾將身受其害。

　　尤其，行政院會已通過了《國家賠償法修正草案》，宣稱

將放寬對法官、檢察官主張國家賠償要件；但是，以素人為主的「國民法官」，會不會也和與一般法官、檢察官一併被列入？

試問，司法院為推行國民法官制度，近來各類大內宣花招不斷，五花八門，名人代言的廣告一波接一波，動用了大筆的預算，幾乎好話說盡。但面對行政院橫柴入灶式的手法，司法院可有提醒民眾擔任國民法官所需擔負的責任與風險？有沒有替任人擺布、背書的「國民法官」據理力爭，也把國民法官排除在外？

殊不知，依據《國民法官法》的規定，審判長如認國民法官的訊問不適當時，可以限制或禁止國民法官的發問；而國民法官如不聽審判長指揮，就會被課處新台幣3萬元以下罰鍰。既然「國民法官」必須遵循擔任審判長的職業法官的指示，又豈能要「國民法官」負責。

當初《國民法官法》既是民進黨不顧民意而用國會多數暴力強行通過，現在既要國民法官判案要聽專業法官的，但判錯後卻要連坐，這樣對於國民法官公平嗎？有功無賞、打破要賠，有這個道理嗎？

尤其，在先前修法過程中，許多持反對意見的專業人士都點出，《國民法官法》上路後，民眾雖有機會實際參與審判，

但被抽中就非去不可，不能拒絕；誤判了也要擔責任；就連保密義務的範圍和年限都較一般法官更嚴苛。這些不都是國民法官上路後應立即解決並向民眾說明清楚的大問題嗎？

但我們只看到民進黨政府在司法院拼命花大錢行銷，編列巨額媒宣預算，企圖用大內宣把國民法官美化成世上少有之餘，竟然還想修法，要只能聽從審判長指揮而無法獨立自主審理案件的國民法官賠償？對於這種不公不義的安排，不難道該先說清楚、講明白嗎？

文化思潮 208

美魔女律師教你生活不犯錯：人人都需要知道的法律常識，自己
的人生自己顧！

作　　者—李貴敏
圖　　片—李蕙安
責任編輯—陳萱宇
主　　編—謝翠鈺
行銷企劃—鄭家謙
封面設計—陳文德
美術編輯—菩薩蠻數位文化有限公司

董 事 長—趙政岷
出 版 者—時報文化出版企業股份有限公司
　　　　　108019台北市和平西路三段二四〇號七樓
　　　　　發行專線—（〇二）二三〇六六八四二
　　　　　讀者服務專線—〇八〇〇二三一七〇五
　　　　　　　　　　　（〇二）二三〇四七一〇三
　　　　　讀者服務傳真—（〇二）二三〇四六八五八
　　　　　郵撥——九三四四七二四時報文化出版公司
　　　　　信箱——〇八九九　台北華江橋郵局第九九信箱
時報悅讀網—http://www.readingtimes.com.tw
法律顧問—理律法律事務所 陳長文律師、李念祖律師
印刷—文聯印刷有限公司
初版一刷—二〇二二年十二月九日
定價—新台幣三八〇元
缺頁或破損的書，請寄回更換

時報文化出版公司成立於一九七五年，
並於一九九九年股票上櫃公開發行，於二〇〇八年脫離中時集團非屬旺中，
以「尊重智慧與創意的文化事業」為信念。

美魔女律師教你生活不犯錯：人人都需要知道的法律
常識，自己的人生自己顧！／李貴敏著. -- 初版. -- 台
北市：時報文化出版企業股份有限公司, 2022.12
　　面；　公分. -- （文化思潮；208）
ISBN 978-626-353-217-5（平裝）

1.CST: 法律 2.CST: 教育輔導

580　　　　　　　　　　　　　111019240

ISBN 978-626-353-217-5
Printed in Taiwan